"1+X"职业技能等级证书系列教材

建筑信息模型（BIM）职业技能等级考试（初级）实操考试题解

胡燕云　主　编

赖敏绫　李　松　杨喜人　陈　丹　李　佩　副主编

章鸿雁　主　审

中国建筑工业出版社

图书在版编目（CIP）数据

建筑信息模型（BIM）职业技能等级考试（初级）实操考试题解 / 胡燕云主编；赖敏绫等副主编. -- 北京：中国建筑工业出版社，2025. 8. --（"1＋X"职业技能等级证书系列教材）. -- ISBN 978-7-112-31471-3

Ⅰ. TU201.4-44

中国国家版本馆 CIP 数据核字第 202530UX61 号

本教材是针对"1＋X"建筑信息模型（BIM）职业技能等级证书初级考试而编写，本教材以实操试题为例，对项目建模步骤进行详细的介绍，帮助读者深入了解"1＋X"建筑信息模型（BIM）职业技能等级证书初级考试的答题方法和技巧。

本教材共有 4 个实操试题，分别是绘制拱门墙、创建体量楼层、土建综合建模、机电综合建模，其中每个项目建模均搭配了操作界面截图和步骤注解。

本教材可作为高等职业教育智能建造专业及相关专业课程教材，也可作为相关行业从业人员工作的参考用书。

为更好地支持相应课程的教学，我们向采用本书作为教材的教师提供教学课件，有需要者可与出版社联系，邮箱：jckj@cabp.com.cn，电话：（010）58337285，建工书院 http://edu.cabplink.com(PC 端)。欢迎任课教师加入专业教学 QQ 交流群：745126886。

责任编辑：吴越恺
文字编辑：黄 辉
责任校对：芦欣甜

"1＋X"职业技能等级证书系列教材

建筑信息模型（BIM）职业技能等级考试（初级）实操考试题解

胡燕云 主 编

赖敏绫 李 松 杨喜人 陈 丹 李 佩 副主编

章鸿雁 主 审

*

中国建筑工业出版社出版、发行（北京海淀三里河路 9 号）

各地新华书店、建筑书店经销

霸州市顺浩图文科技发展有限公司制版

河北鹏润印刷有限公司印刷

*

开本：787 毫米×1092 毫米 1/16 印张：8½ 字数：211 千字

2025 年 7 月第一版 2025 年 7 月第一次印刷

定价：**46.00** 元（附数字资源及赠教师课件）

ISBN 978-7-112-31471-3

（44614）

前　　言

　　本教材针对"1+X"建筑信息模型（BIM）职业技能等级证书初级考试考点编写，以实操试题为例，分别对绘制拱门墙、创建体量楼层、土建综合建模和机电综合建模 4 个项目的建模步骤进行详细介绍，帮助读者深入了解"1+X"建筑信息模型（BIM）职业技能等级证书初级考试的答题方法和技巧。

　　为使读者更加容易理解软件命令，使软件操作过程更加轻松，本书对每个建模步骤的讲解均搭配了操作界面截图与步骤注解，使每个建模步骤在操作过程中一目了然，大大减少了因文字描述带来的操作不明确等问题。为了方便读者备考，同时提高读者的学习效率，本书的试题解析均配备同步教学操作视频，读者扫描二维码可以获取配套教学视频，跟随视频操作，轻松地掌握建模思路和建模方法。

　　"1+X"建筑信息模型（BIM）职业技能等级证书初级考试的综合建模题包含一道土建建模和一道机电建模，两道题二选一作答（从 2021 年第二期考试开始，增加了市政专业桥梁建模，考生三选一作答）。本书对两道综合建模题均做了讲解，读者可以结合自己的专业背景选择学习。

　　为满足企业实际需要及实现职业教育的能力导向，本教材由多所院校教师及企业人员联合编写。广东建设职业技术学院胡燕云担任主编，广东建设职业技术学院赖敏绫、李松、杨喜人，广州职业技术大学陈丹，广东南华工商职业学院李佩担任副主编，同时参与编制的人员还有深圳市斯维尔科技股份有限公司林兆鸿、徐飞、王大鹏等，他们参与了审核与工程数据的校核。广东建设职业技术学院章鸿雁教授担任本教材的主审，对本教材做了认真、细致、详细的审阅，对保证本教材编写质量提出了很多建设性意见，在此，表示衷心感谢！

　　由于编者水平有限，书中难免有疏漏和不足之处，恳请广大读者和同行批评指正。

编　者

目　　录

实操试题1　绘制拱门墙

【试题】

　　绘制图 1-0-1 墙体，墙体类型、墙体高度、墙体厚度及墙体长度自定义，材质为灰色普通砖，并参照下图标注尺寸在墙体上开一个拱门洞。以内建常规模型的方式沿洞口生成装饰门框，门框轮廓材质为樱桃木，样式见 1—1 剖面图。创建完成后以"拱门墙＋考生姓名"为文件名保存至考生文件夹中（20 分）。

　　要求：（1）绘制墙体，完成洞口创建；
　　　　　（2）正确使用内建模型工具绘制装饰门框。

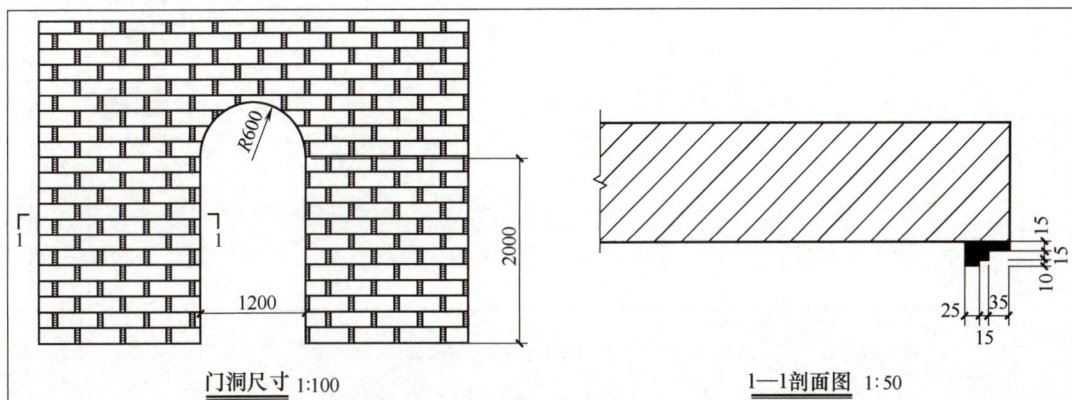

门洞尺寸 1:100　　　　　　　　　1—1剖面图　1:50

图 1-0-1

【试题解析】

　　本题主要考察绘制墙和添加材质的方法，以及放样工具的使用。

绘制拱门墙

【作图操作】

　　1. 双击快捷方式，启动 Revit 主程序。
　　2. 在主界面点击"建筑样板"（图 1-0-2），进入在项目编辑模式下 Revit 的界面。此时在"项目浏览器"中，楼层平面的默认标高是"标高 1"（图 1-0-3）。

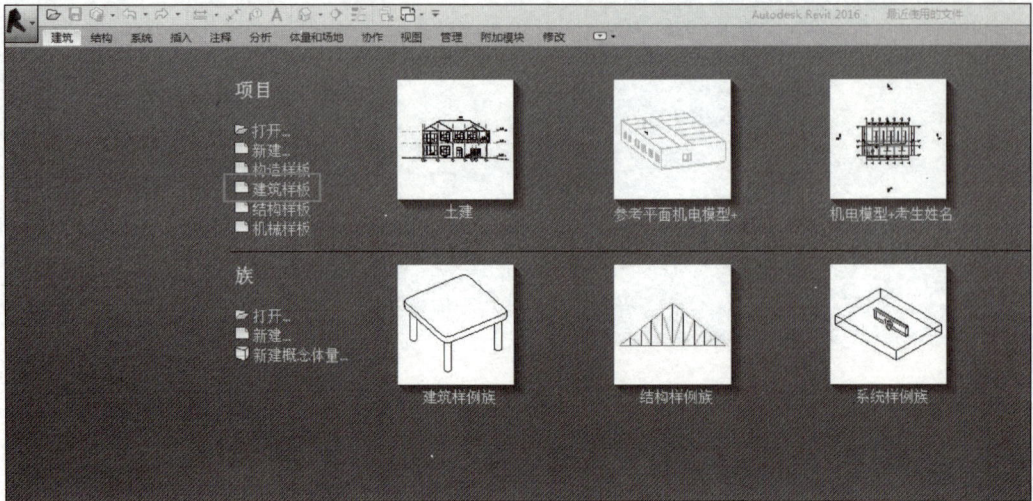

图 1-0-2

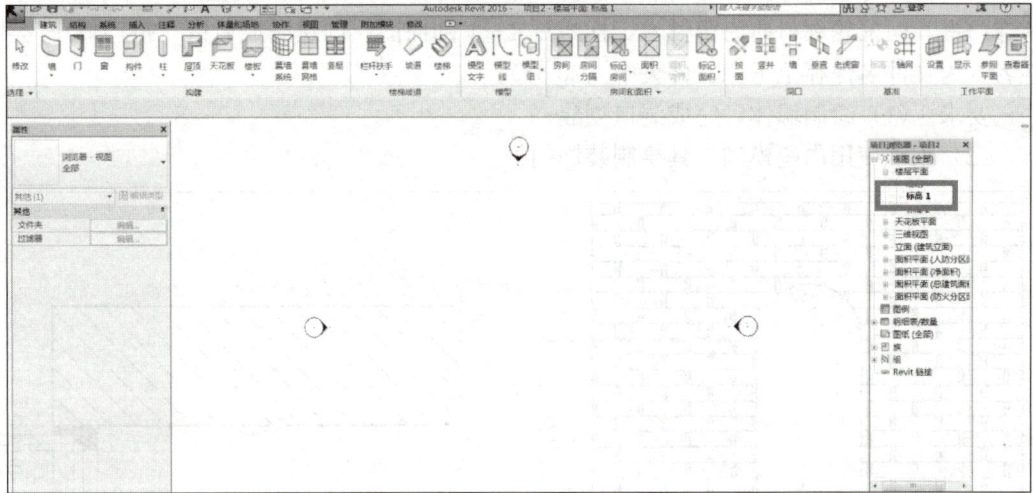

图 1-0-3

3. 单击"建筑"选项卡"构建"面板中的"墙：建筑"工具（图 1-0-4），进入墙绘制状态，自动切换至"修改｜放置 墙"上下文选项卡。选择"绘制"面板中的"直线"工具，移动光标至绘图区空白处，单击鼠标左键确定墙的起点，向右移动鼠标，再次单击鼠标左键，确定墙的终点（图 1-0-5），按"Esc"键退出墙绘制。

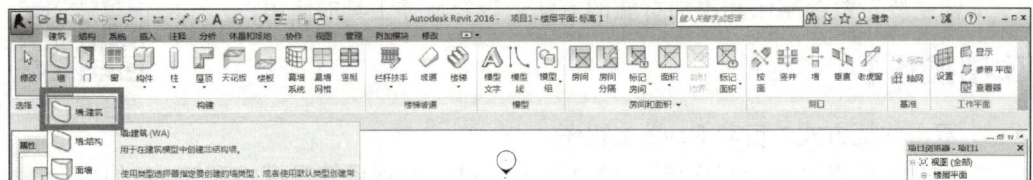

图 1-0-4

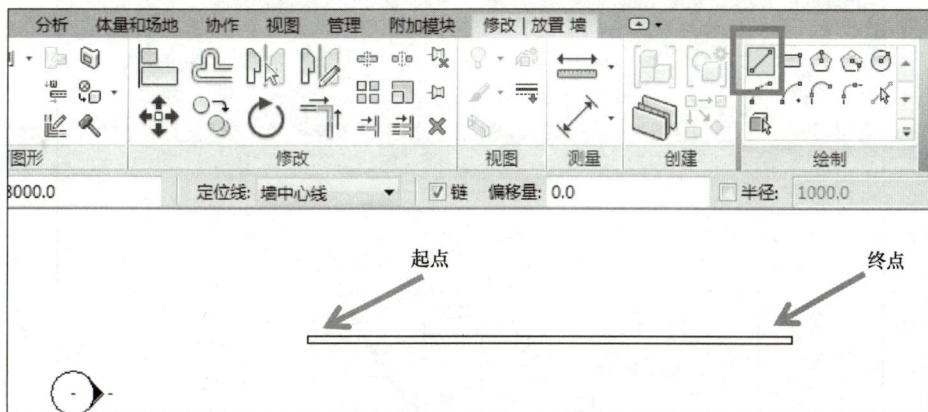

图 1-0-5

4. 单击"项目浏览器"的"立面（建筑立面）"视图，双击"北"立面，切换到北立面视图，点击墙的轮廓线（图 1-0-6），进入"修改｜墙"上下文选项卡。点击"模式"面板中"编辑轮廓"工具（图 1-0-7），切换至"修改｜墙＞编辑轮廓"上下文选项卡，选择"绘制"面板中的"直线"工具，画直线 1、直线 2，线的长度和距离符合洞口尺寸（图 1-0-8）。选择"绘制"面板中的"起点-终点-半圆弧"工具，移动光标依次点击直线 1 及直线 2 的上部端点和直线上方空白处，画洞口上方的半圆，按"Esc"键退出绘制（图 1-0-9）。

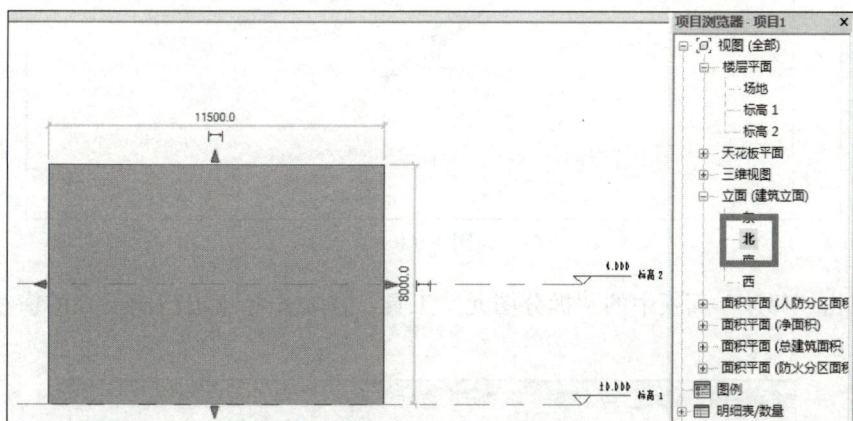

图 1-0-6

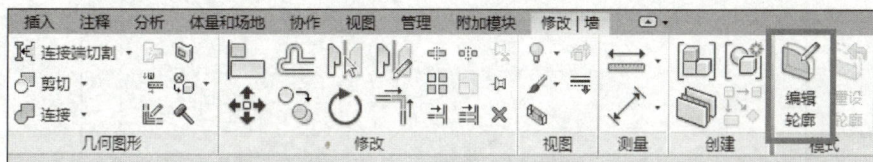

图 1-0-7

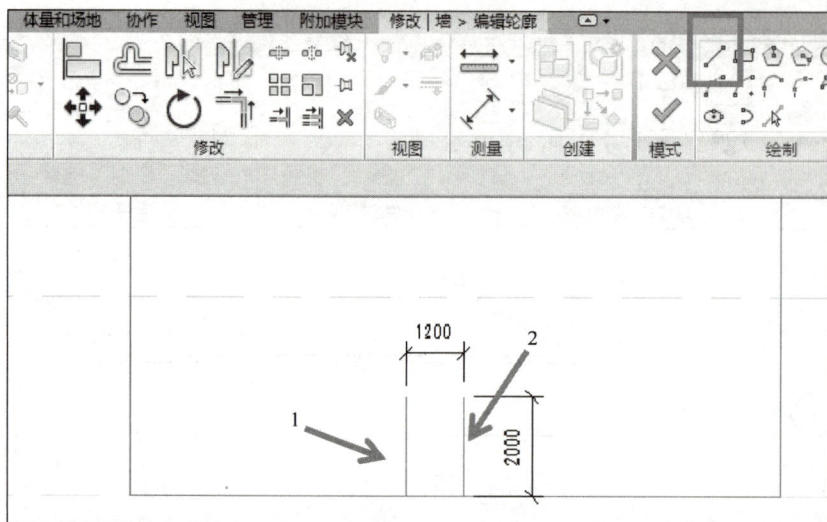

图 1-0-8

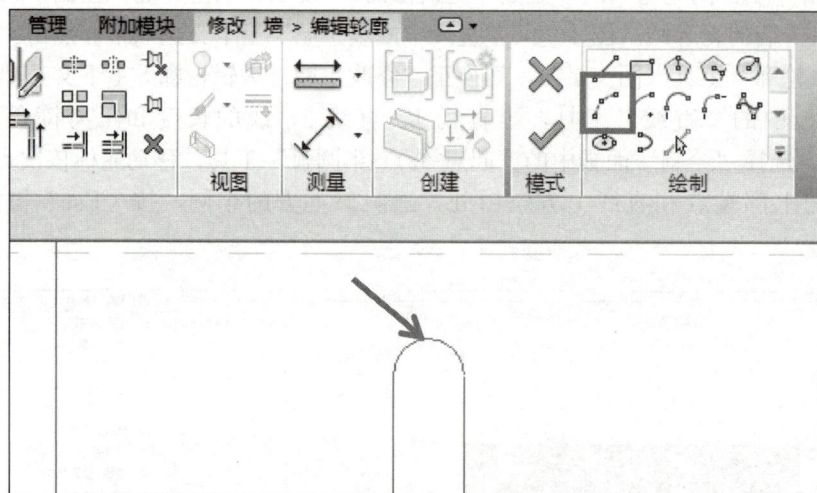

图 1-0-9

5. 单击"修改"面板中的"拆分图元"工具，移动光标点击门洞下方的横线以打断此线（图 1-0-10）。

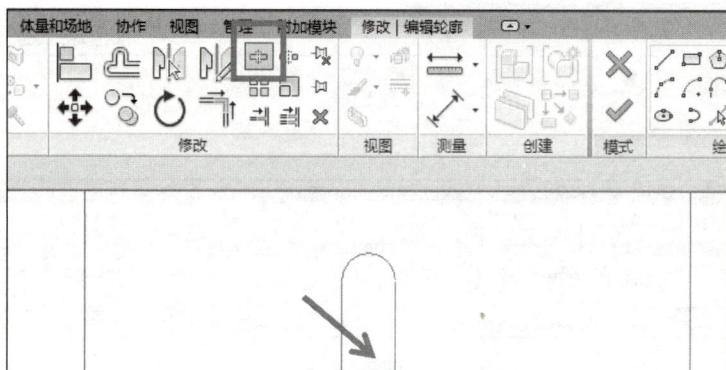

图 1-0-10

6. 单击"修改"面板中的"修剪/延伸为角"工具，依次单击图 1-0-11 中的线 1、线 2 和线 3、线 4，使墙和洞口形成封闭图形，点击"完成编辑模式"完成门洞的开设。

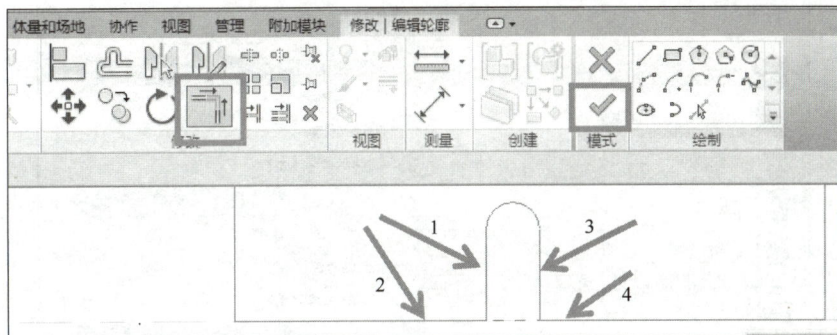

图 1-0-11

7. 在选中墙的状态下，单击"属性"面板"编辑类型"按钮，打开"类型属性"对话框。单击"类型参数"列表中"结构"参数的"编辑"按钮，弹出"编辑部件"对话框。点击第 2 层材质 按钮（图 1-0-12），弹出"材质浏览器"对话框。

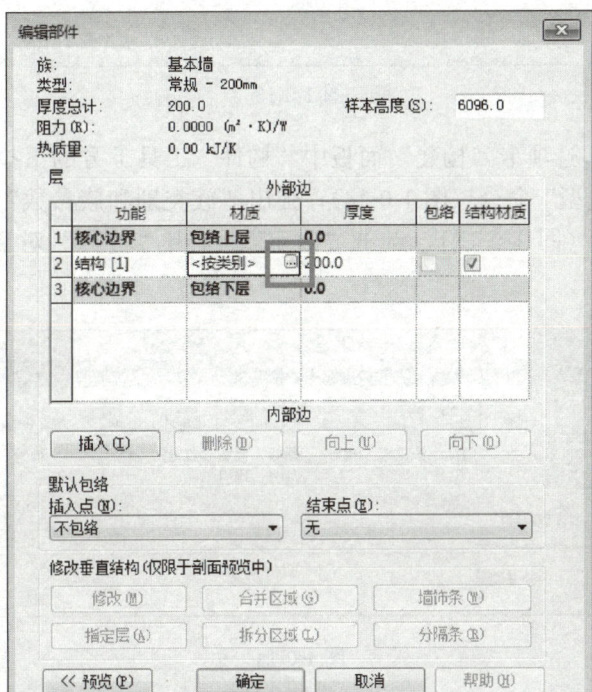

图 1-0-12

8. 在"材质浏览器"对话框底部展开"Autodesk 材质"列表，在材质名称列表中双击系统自带的"砖，普通，灰色"，该材质将添加到上部"项目材质：所有"列表中（图 1-0-13）。选中新添加的材质，使用右键复制并修改名称为"灰色普通砖"，双击此新材料名称，返回"编辑部件"对话框，单击"确定"，返回"类型属性"对话框，单击"确定"，完成墙面材质的设定。

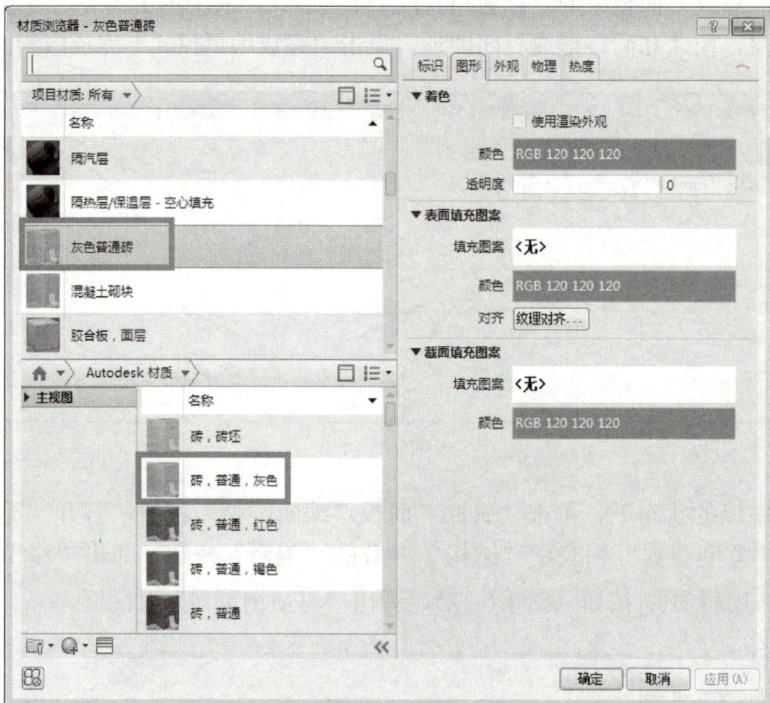

图 1-0-13

9. 选择"建筑"选项卡"构建"面板中"构件"工具下方的下拉三角箭头，从下拉菜单中选择"内建模型"命令（图 1-0-14），弹出"族类别和族参数"对话框，选择族类别为"常规模型"（图 1-0-15），点击"确定"。弹出"名称"对话框，点击"确定"（图 1-0-16）。

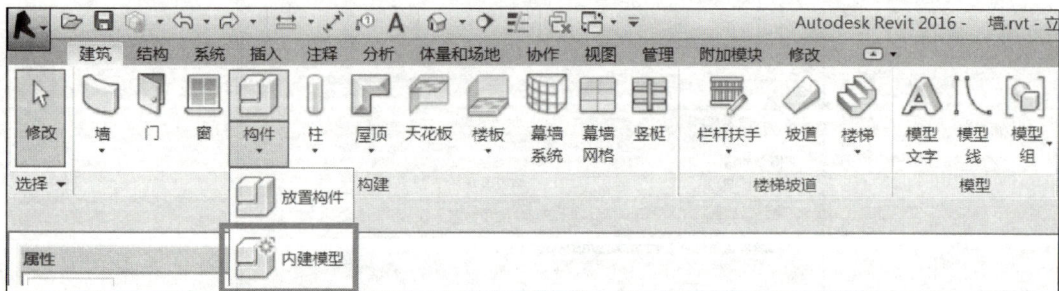

图 1-0-14

10. 选择"创建"选项卡"形状"面板中"放样"工具（图 1-0-17），进入"修改｜放样"选项卡。点击"放样"面板中的"绘制路径"工具（图 1-0-18），弹出"工作平面"对话框，点选"拾取一个平面"，点击"确定"（图 1-0-19），移动光标至绘图区，单击左键选择墙的轮廓线任意一点，进入"修改｜放样＞绘制路径"选项卡，选择"绘制"面板中的"拾取线"工具（图 1-0-20），移动光标至绘图区，单击左键依次点选洞口线（图 1-0-21），点击"模式"面板中的"完成编辑模式"按钮。

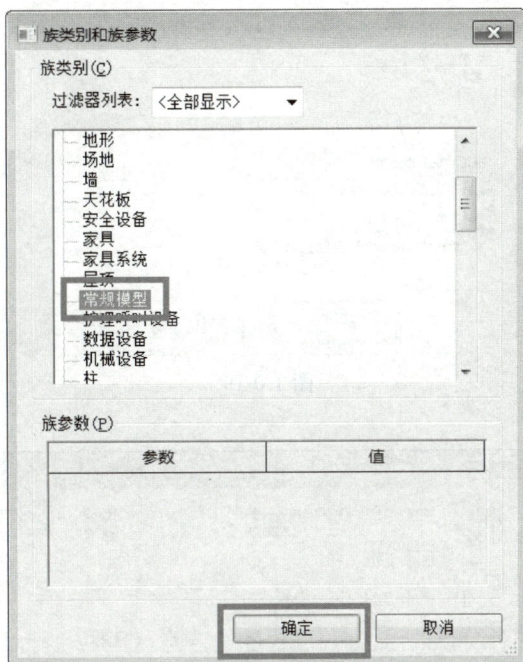

图 1-0-15

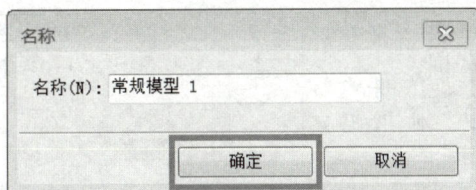

图 1-0-16

图 1-0-17

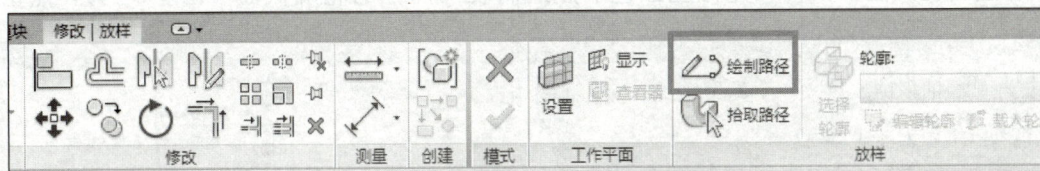

图 1-0-18

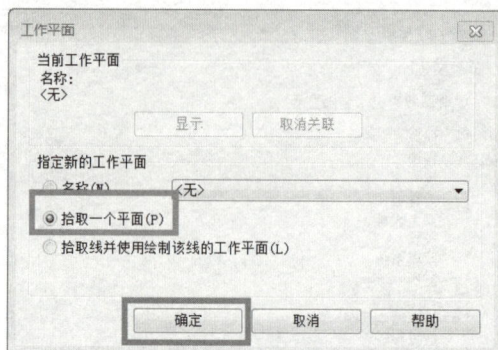

图 1-0-19

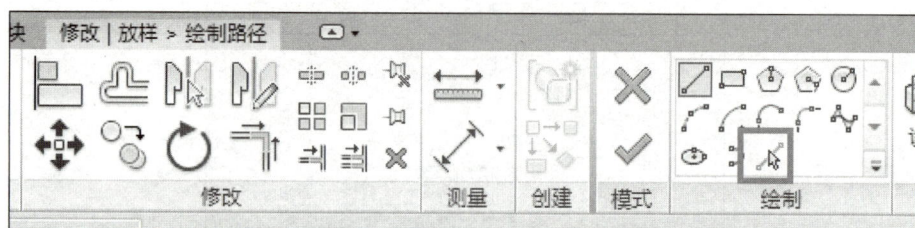

图 1-0-20

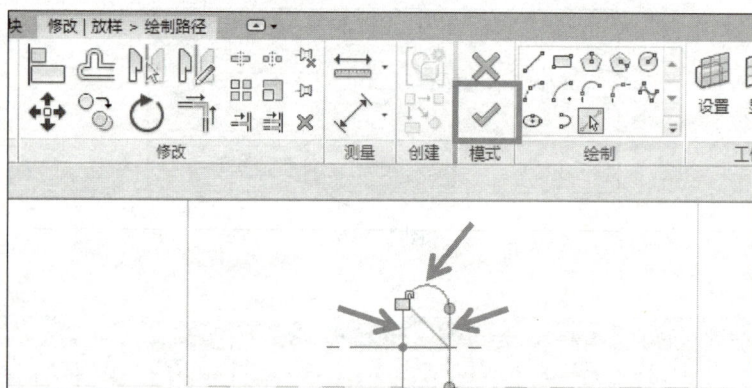

图 1-0-21

11. 单击"修改｜放样"选项卡"放样"面板中的"编辑轮廓"工具（图 1-0-22），弹出"转到视图"对话框，选择"楼层平面：标高 1"视图，点击"打开视图"按钮（图 1-0-23），进入"修改｜放样＞编辑轮廓"选项卡。选择"绘制"面板的"直线"工具，适当放大图形，移动光标至红色端点绘制装饰门框的轮廓截面（图 1-0-24），点击

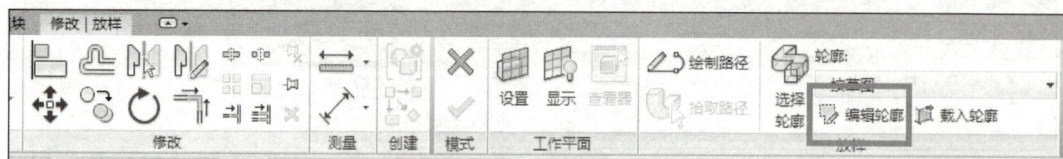

图 1-0-22

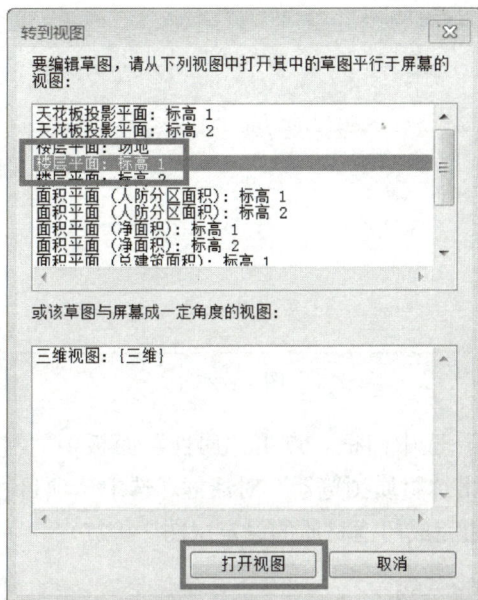

图 1-0-23

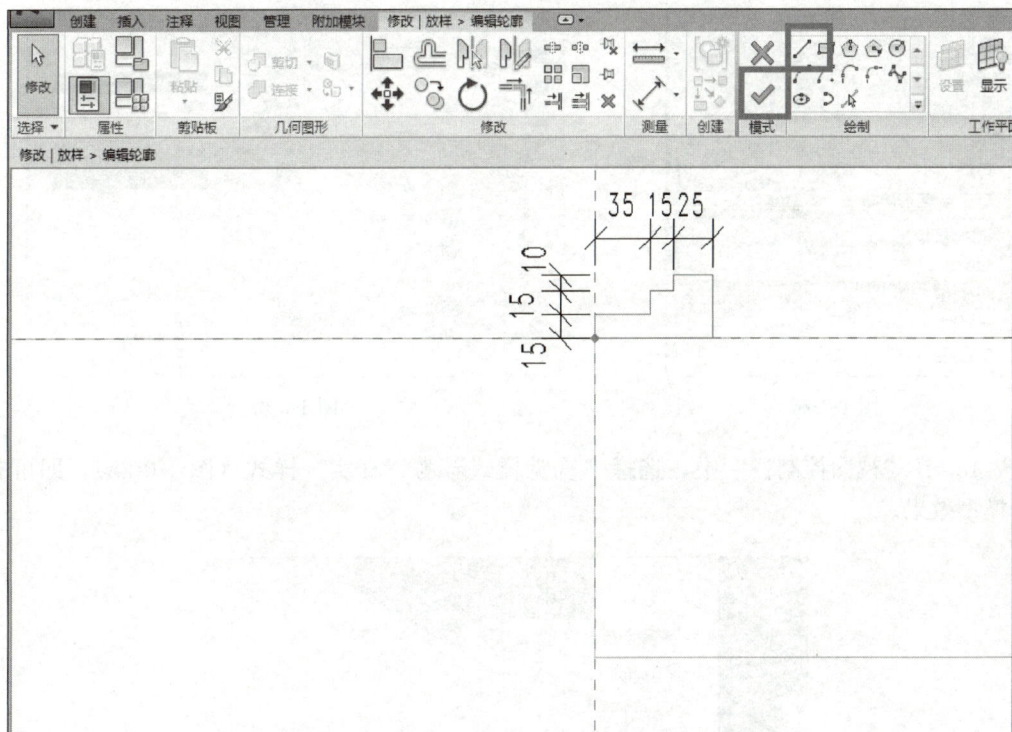

图 1-0-24

"模式"面板的"完成编辑模式"按钮，返回"修改 | 放样"选项卡，再次点击"模式"面板的"完成编辑模式"按钮，完成装饰门框的截面绘制。点击"在位编辑器"面板的"完成模型"按钮（图 1-0-25），完成装饰门框的绘制。

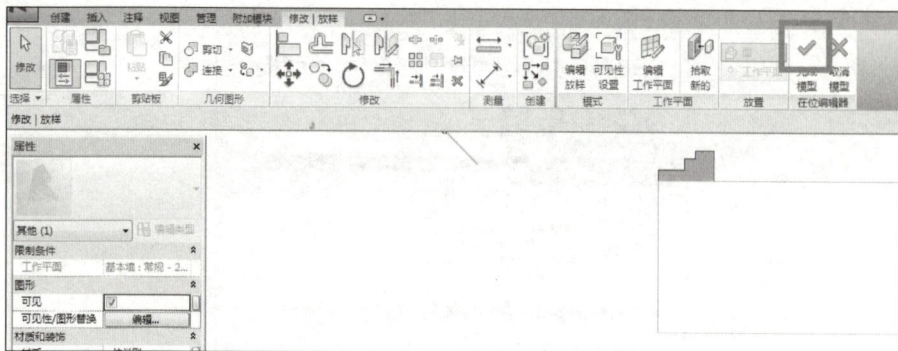

图 1-0-25

12. 切换到三维视图，选中门框，点击"属性"面板中"材质＜按类别＞"参数的
⋯按钮（图 1-0-26），弹出"材质浏览器"对话框，选中"项目材质：所有"列表中"樱
桃木"，点击"确定"按钮完成门框材质的设定（图 1-0-27）。

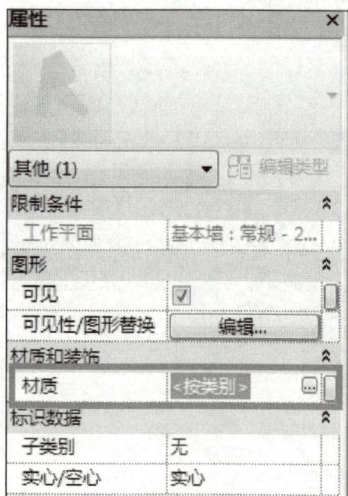

图 1-0-26

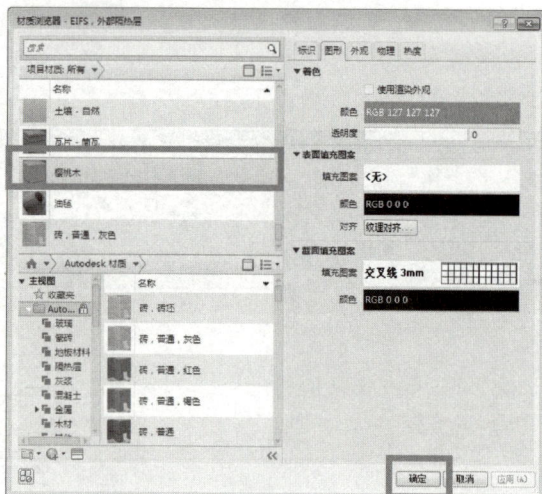

图 1-0-27

13. 在"视图控制栏"中，选择"视觉样式"为"真实"样式（图 1-0-28），即可查
看模型效果。

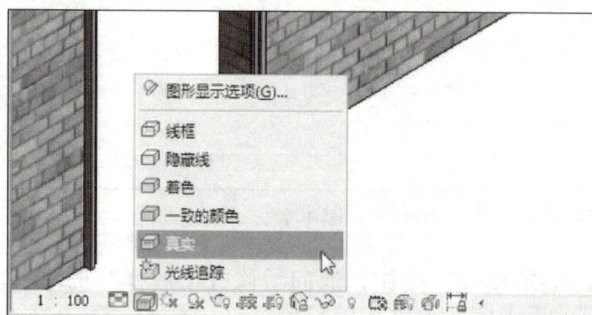

图 1-0-28

实操试题2　创建体量楼层

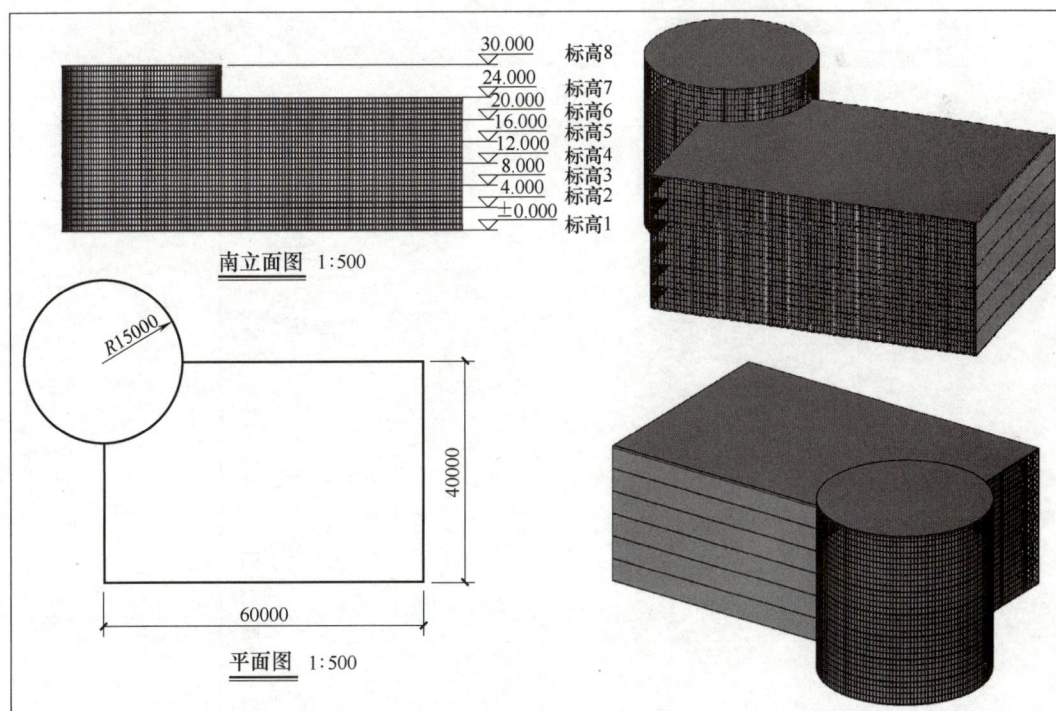

【试题】

创建图 2-0-1 模型：（1）面墙为厚度 200mm 的"常规-200mm 厚面墙"，定位线为"核心层中心线"；（2）幕墙系统为网格布局 600mm×1000mm（即横向网格间距为 600mm，竖向网格间距为 1000mm），网格上均设置竖梃，竖梃均为圆形竖梃半径 50mm；（3）屋顶为厚度为 400mm 的"常规-400mm"屋顶；（4）楼板为厚度为 150mm 的"常规-150mm"楼板，标高 1 至标高 6 上均设置楼板。请将该模型以"体量楼层＋考生姓名"为文件名保存至考生文件夹中（20 分）。

创建体量楼层

图 2-0-1

【试题解析】

本题主要考察内建体量的创建方法，以及面屋顶工具、面楼板工具和面幕墙系统工具的使用。

【作图操作】

1. 双击快捷方式，启动 Revit 主程序。

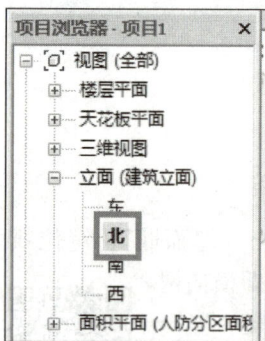

图 2-0-2

2. 在主界面点击"建筑样板"，进入在项目编辑模式下 Revit 的界面，默认将打开"标高1"楼层平面视图。在项目浏览器中展开"立面"视图类别，双击"北"立面视图名称，切换至北立面（图 2-0-2）。

3. 移动光标至绘图区，左键单击"标高2"，切换到"修改｜标高"上下文选项卡。点击"修改"面板中的"复制"工具，勾选选项栏中的"约束"和"多个"选项（图 2-0-3）。

4. 左键单击"标高2"上任意一点作为复制基点，向上移动光标，使用键盘输入数值"4000"，重复操作5次，创建至"标高7"，继续向上移动光标，输入数值"6000"，创建"标高8"，按两次"Esc"键退出绘图（图 2-0-4）。

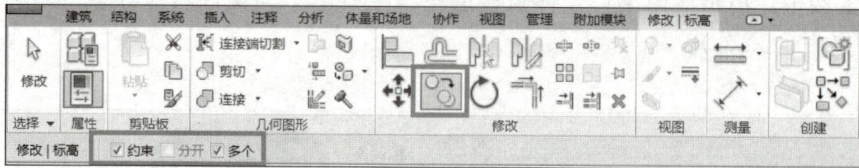

图 2-0-3

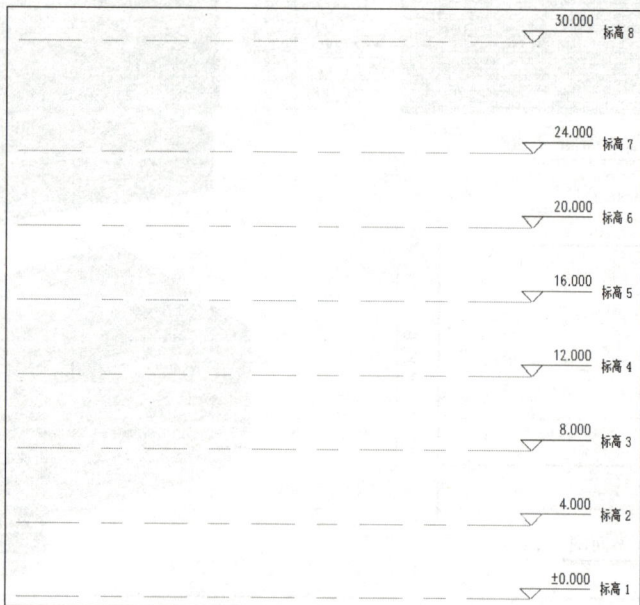

图 2-0-4

5. 单击"视图"选项卡"创建"面板中的"平面视图"按钮，选择"楼层平面"工具（图 2-0-5），打开"新建楼层平面"对话框，按住"Ctrl"键并在对话框中单击标高 3 至标高 8，点击"确定"按钮（图 2-0-6）。

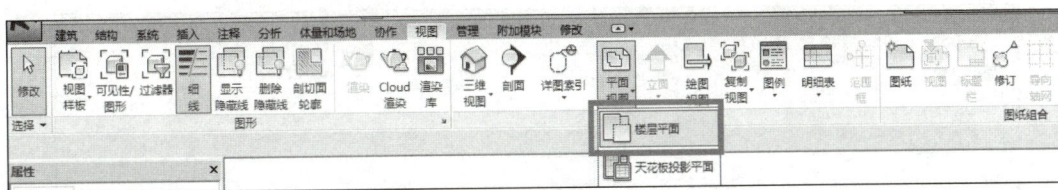

图 2-0-5

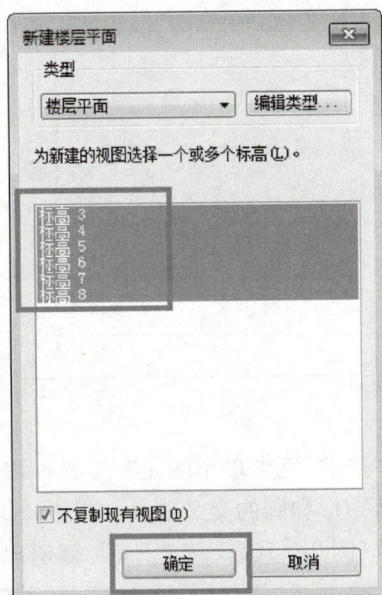

图 2-0-6

6. 切换至楼层平面"标高 1"视图，单击"体量和场地"选项卡"概念体量"面板中的"内建体量"按钮（图 2-0-7），弹出"名称"对话框，修改名称为"体量楼层"，点击"确定"按钮（图 2-0-8），切换至"创建"选项卡。

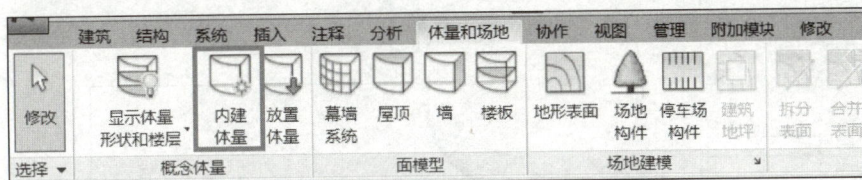

图 2-0-7

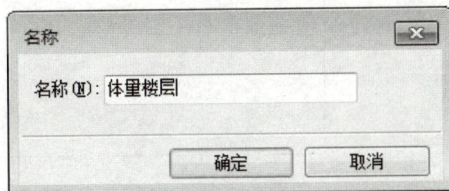

图 2-0-8

7. 单击"绘制"面板的"矩形"绘图工具，移动光标至绘图区绘制一个 60000mm 长，40000mm 宽的矩形。再单击"绘制"面板的"圆形"绘图工具，以矩形左上角为圆心，画一个直径为 15000mm 的圆（图 2-0-9），按两次"Esc"键退出绘图。

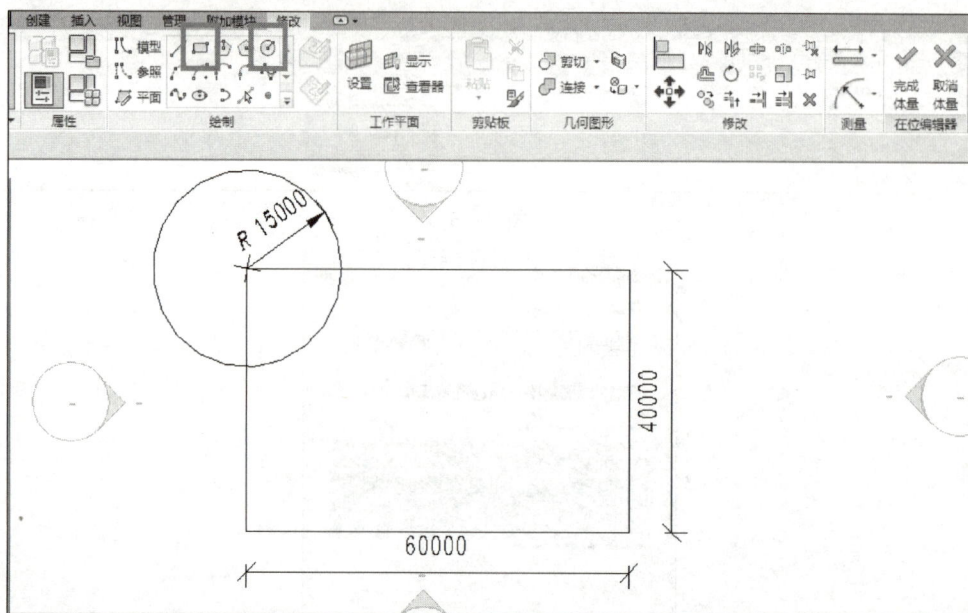

图 2-0-9

8. 单击"修改"面板的"修剪/延伸单个图元"工具，移动光标至绘图区，依次点击线 1、线 2 和线 3、线 4，修剪矩形和圆的交叉部分。点击"绘制"面板的"起点-终点-半径弧"绘图工具，绘制弧线 5（图 2-0-10），按"Esc"键退出绘图。点击弧线 5，同时按

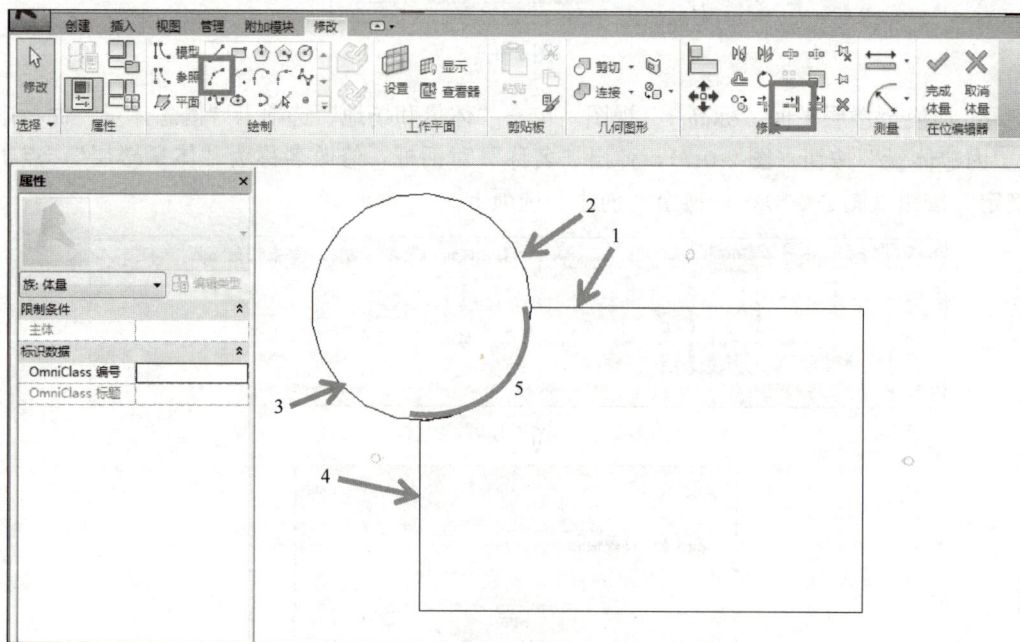

图 2-0-10

住"Ctrl"键点击矩形，切换至"修改|线"上下文选项卡，单击"形状"面板创建"实心形状"工具（图2-0-11），完成四棱柱体的创建。

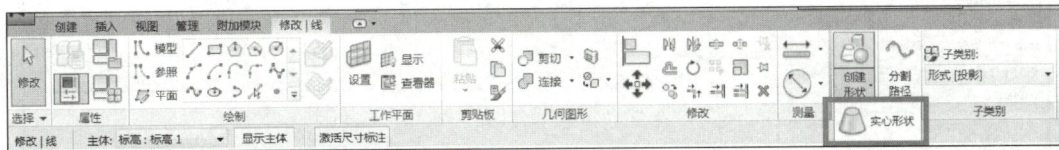

图2-0-11

9. 切换到三维视图中，点击"圆"，单击"形状"面板创建"实心形状"工具，完成圆柱体的创建（图2-0-12）。

10. 选中四棱柱体的上表面，修改此表面的高度为24000mm，选中圆柱体的上表面，修改此表面的高度为30000mm。单击"修改"选项卡"几何图形"面板的"连接几何图形"工具，依次点击圆柱体和四棱柱体，并点击"在位编辑器"面板的"完成体量"工具（图2-0-13），初步完成模型。

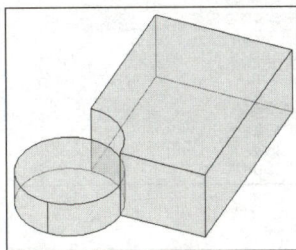

图2-0-12

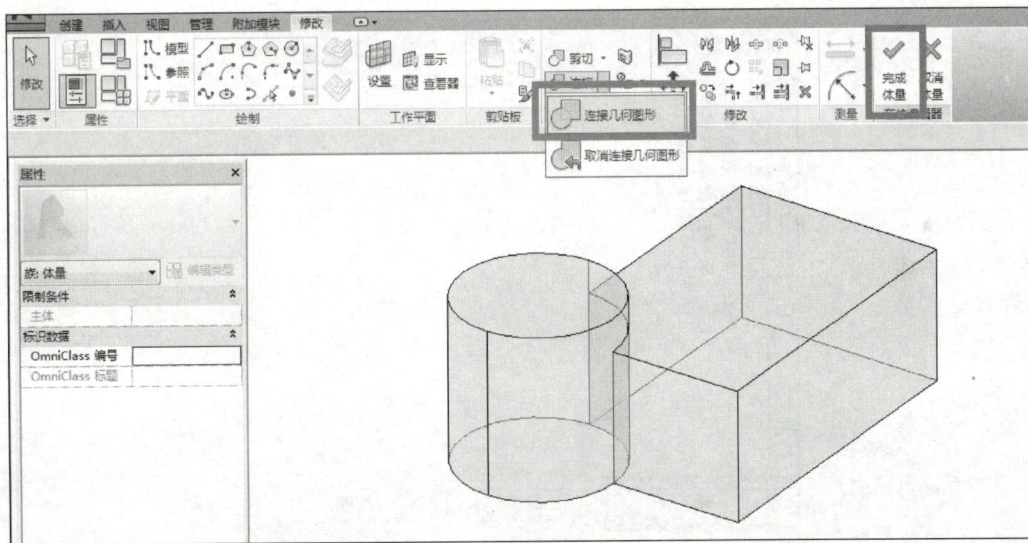

图2-0-13

11. 点击创建好的模型，切换至"修改|体量"选项卡，单击"模型"面板的"体量楼层"工具（图2-0-14），弹出"体量楼层"对话框，选择"标高1"至"标高6"（图2-0-15），点击"确定"。

12. 单击"体量和场地"选项卡"面模型"面板下的"楼板"工具（图2-0-16），切换至"修改|放置面楼板"选项卡，此时属性栏默认的楼板类型为"常规-150mm"符合题目要求，移动光标点击标高1至标高6的各层楼板，并点击"多重选择"面板的"创建楼板"工具（图2-0-17），按"Esc"键退出，完成体量楼板的创建。

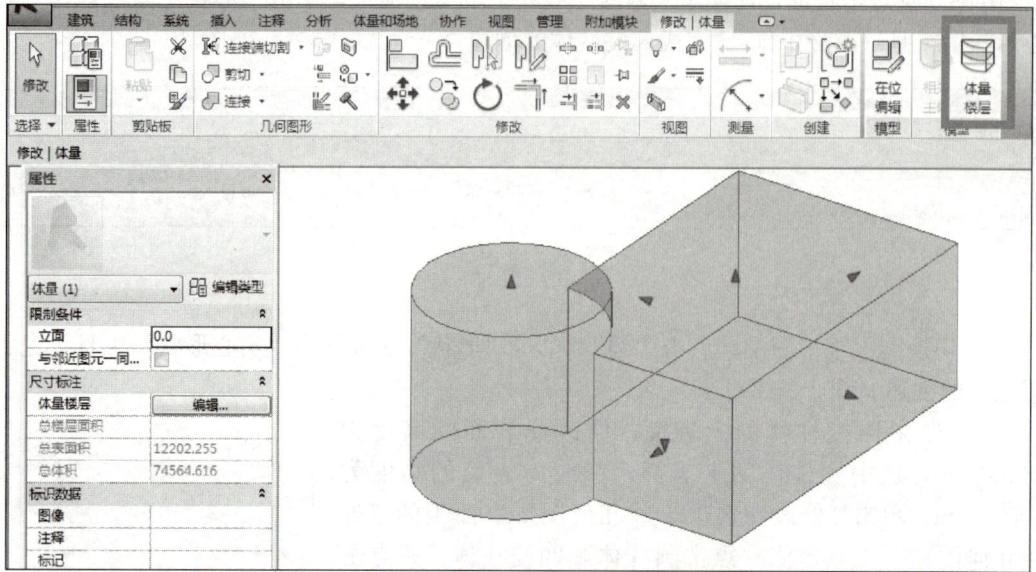

图 2-0-14

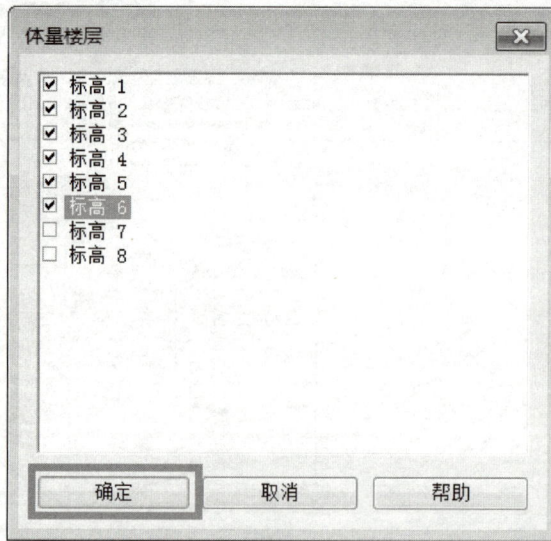

图 2-0-15

图 2-0-16

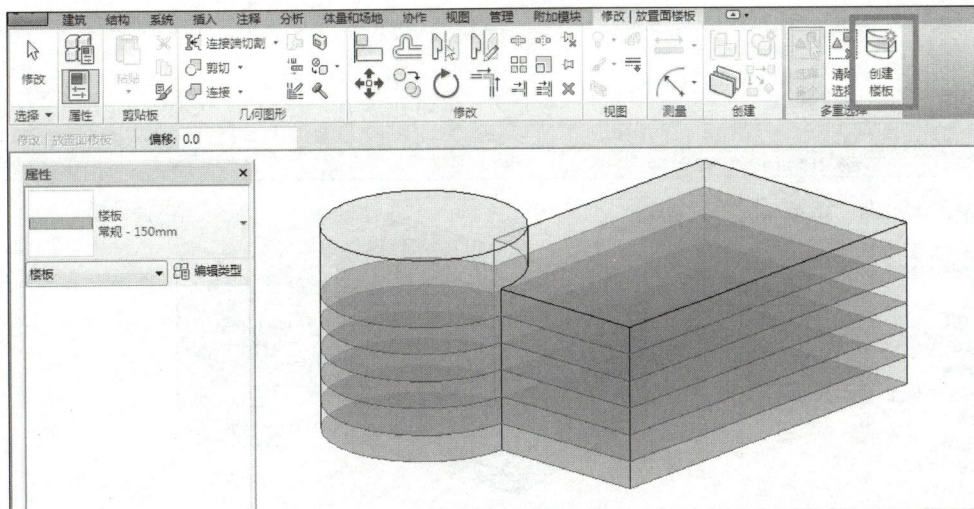

图 2-0-17

13. 单击"体量和场地"选项卡"面模型"面板的"墙"工具，切换至"修改｜放置墙"选项卡，此时属性栏默认的墙类型为"常规-200mm"符合题目要求，设置选项栏中墙的绘制定位线为"核心层中心线"，移动光标到绘图区，点击四棱柱的面 1 和面 2（图 2-0-18）。

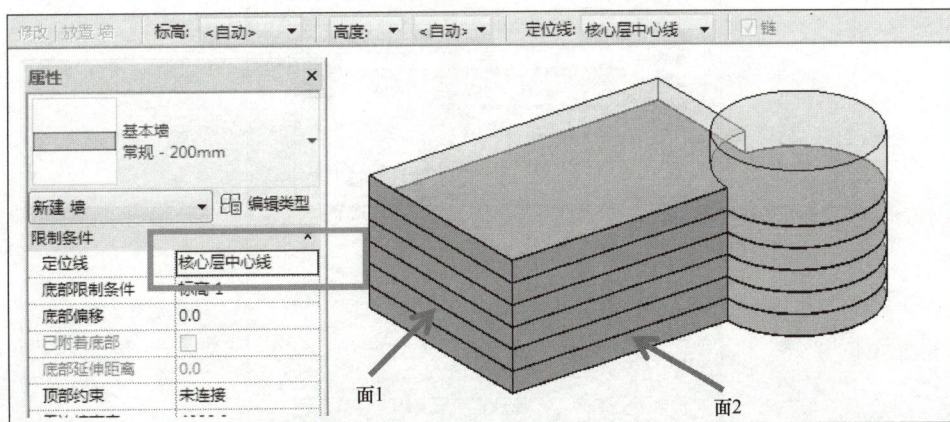

图 2-0-18

14. 单击"体量和场地"选项卡"面模型"面板的"屋顶"工具，切换至"修改｜放置面屋顶"选项卡。此时属性栏默认的屋顶类型为"常规-400mm"符合题目要求，移动光标到绘图区，点击四棱柱和圆柱的顶面，并点击"多重选择"面板的"创建屋顶"工具，按"Esc"键退出（图 2-0-19）。

15. 单击"体量和场地"选项卡"面模型"面板的"幕墙系统"工具，切换至"修改｜放置面幕墙系统"选项卡。单击"属性"面板"编辑类型"按钮，打开"类型属性"对话框。单击"复制"按钮输入名称"600×1000mm"，完成后单击"确定"返回属性类型对话框（图 2-0-20）。

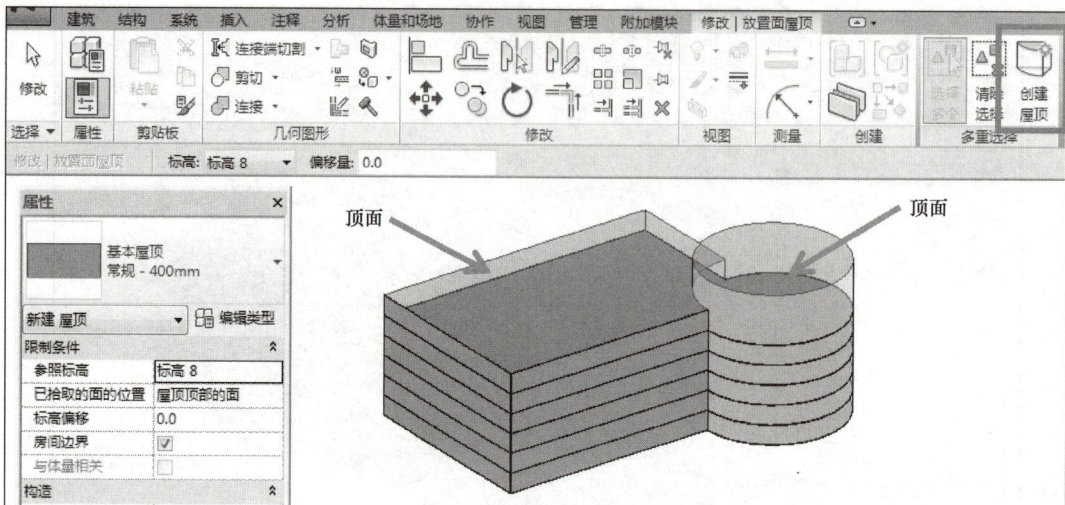

图 2-0-19

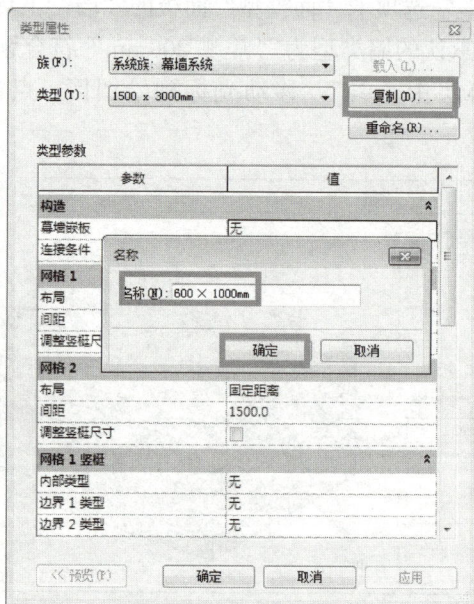

图 2-0-20

16. 修改类型参数列表框中，网格 1 间距 "1000.0"，网格 2 间距 "600.0"，单击网格 1 竖梃 "内部类型" 参数列表，在列表中选择 "圆形竖梃：50mm 半径" 类型，选择 "边界 1 类型" 和 "边界 2 类型" 均为 "圆形竖梃：50mm 半径" 类型，同样设置网格 2 竖梃 "内部类型" "边界 1 类型" 和 "边界 2 类型" 参数均为 "圆形竖梃：50mm 半径" 类型，点击 "确定" 按钮（图 2-0-21），返回 "修改｜放置面幕墙系统" 选项卡。移动光标选择面 1、面 2、面 3 和面 4，点击 "多重选择" 面板的 "创建系统" 工具，按 "Esc" 键退出（图 2-0-22），完成模型的创建。

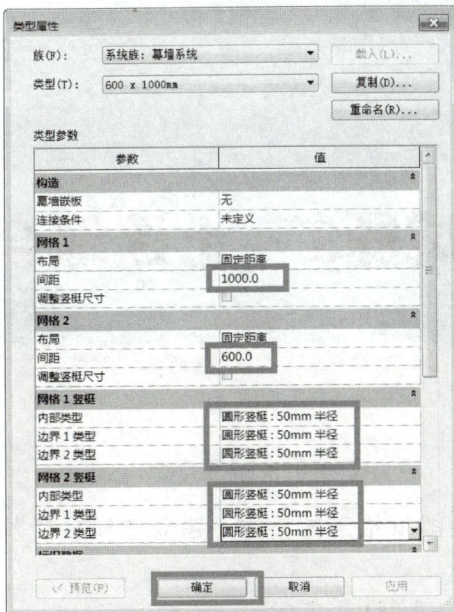

图 2-0-21

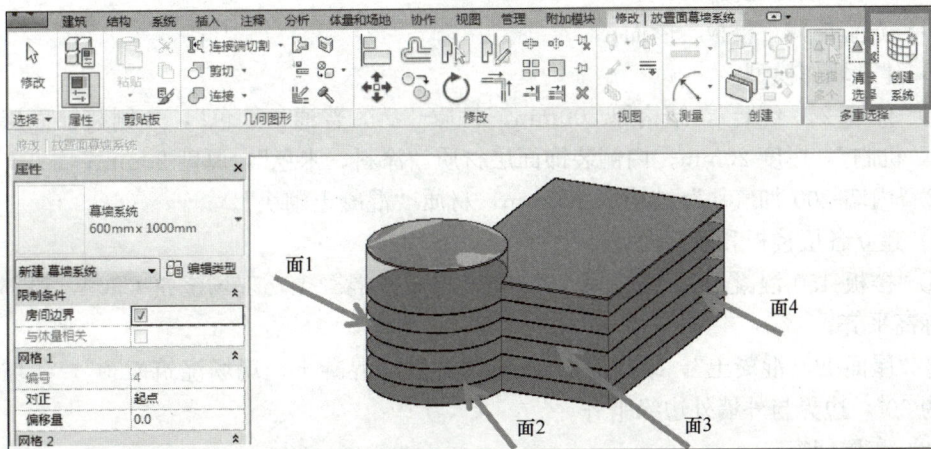

图 2-0-22

实操试题3　　土建综合建模

【试题】

根据以下题目要求及图纸给定的参数，建立"样板楼"模型，平面图详见图纸（图 3-0-1～图 3-0-4）。

1. BIM 建模环境设置（1 分）。

设置项目信息：①项目发布日期：2019 年 11 月 23 日；②项目编号：2019001-1。

2. BIM 参数化建模（30 分）。

（1）布置墙体、楼板、屋面；

1）建立墙体模型；

①"外墙-240-红砖"，结构厚 200mm，材质"砖，普通，红色"，外侧装饰面层材质"瓷砖，机制"，厚度 20mm；内侧装饰面层材质"涂料，米色"，厚度 20mm；

②"内墙-200-加气块"结构厚 200mm，材质"混凝土砌块"。

2）建立各层楼板和屋面模型。

①"楼板-150-混凝土"，结构厚 150mm，材质"混凝土，现场浇筑-C30"，顶部均与各层标高平齐；

②"屋面-200 混凝土"，结构厚 200mm，材质"混凝土，现场浇筑-C30"，各坡面坡度均为 30°，边界与外墙外边缘平齐。

（2）布置门窗；

1）按平、立面图要求，精确布置外墙门窗，内墙门窗位置合理布置即可，不需要精确布置；

2）门窗要求。

① M1527：双扇推拉门-带亮窗，规格宽 1500mm，高 2700mm；

② M1521：双扇推拉门，规格宽 1500mm，高 2100mm；

③ M0921：单扇平开门，规格宽 900mm，高 2100mm；

④ JLM3024：水平卷帘门，规格宽 3000mm，高 2400mm；

⑤ C2425：组合窗双层三列-上部双窗，宽 2400mm，高 2500mm，窗台高度 500mm；

⑥ C2626：单扇平开窗，宽 2600mm，高 2600mm，窗台高度 600mm；

土建综合建模

⑦ C1515：固定窗，宽 1500mm，高 1500mm，窗台高度 800mm；

⑧ C4533：凸窗-双层两列，窗台外挑 140mm，宽 4500mm，高 3300mm，框架宽度 50mm，框架厚度 80mm，上部窗扇宽度 600mm，窗台外挑宽度 840mm，首层窗台高度 600mm，二层窗台高度 30mm。

（3）布置楼梯、栏杆扶手、坡道。

1）按平、立面要求布置楼梯，采用系统自带构件，名称为"整体现浇楼梯"，并设置最大踢面高度 210mm，最小踏板深度 280mm，梯段宽度 1305mm；

2）楼梯栏杆：栏杆扶手 900mm；

3）露台栏杆：玻璃嵌板-底部填充，高度 900mm；

4）坡道：按图示尺寸建立。

3. 建立门窗明细表（2分）（均应包含"类型、类型标记、宽度、高度、标高、底高度、合计"字段，按类型和标高进行排序）。

4. 添加尺寸、创建门窗标记、高程注释（2分）。

（1）尺寸标记：尺寸标记类型为对角线-3mm RomanD，并修改文字大小为 4mm；

（2）门窗标记：修改窗标记，编辑标记，编辑文字大小为 3mm，完成后载入项目中覆盖；

（3）标高标记：对窗台、露台、屋顶进行标高标记。

5. 创建一层平面布置图及南立面布置图两张图纸（2分）。

（1）图框类型：A2 公制图框；

（2）类型名称：A2 视图；

（3）标题要求：视图上的标题必须和考题图纸一致；

（4）图纸名称：和考题图纸一致。

6. 模型渲染（2分）。

对房屋的三维模型进行渲染，设置背景为"天空：少云"，照明方案为"室外：日光和人造光"，质量设置为"中"，其他未标明选项不作要求，结果以"样板房渲染＋考生姓名.JPG"为文件名保存至本题文件夹中。

7. 请以"样板房＋考生姓名"命名保存至考生文件夹中（1分）。

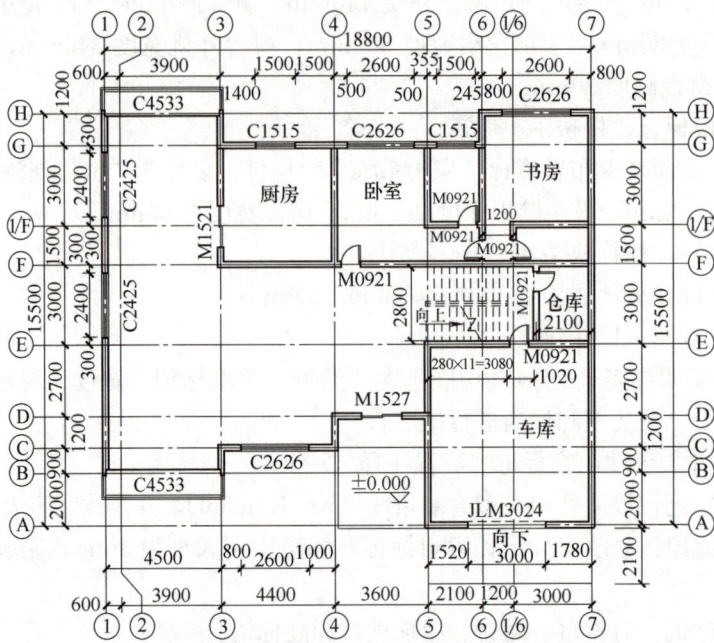

一层平面图 1:100

(a)

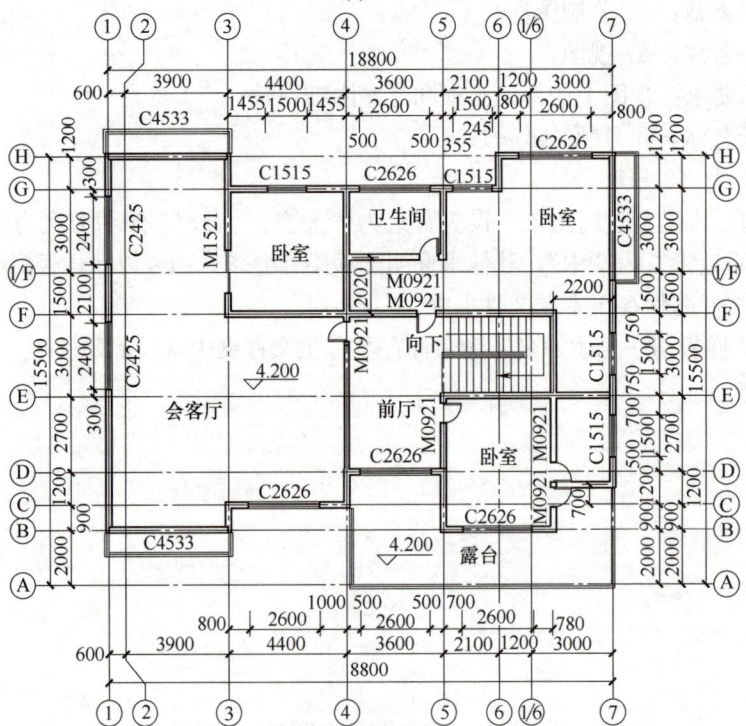

二层平面图 1:100

(b)

图 3-0-1

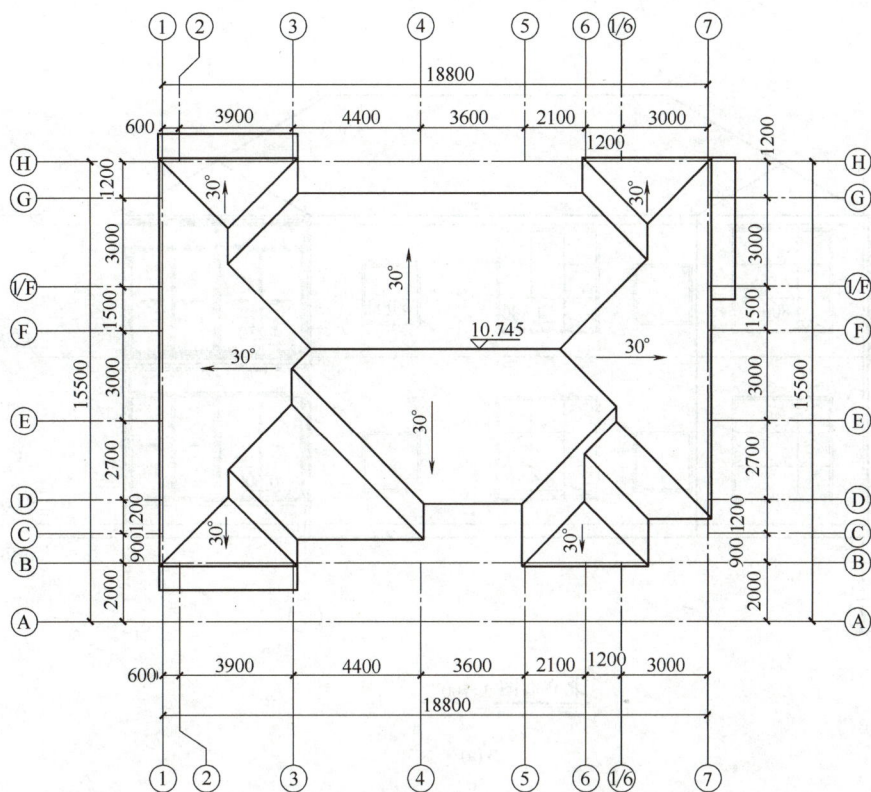

屋顶平面图 1:100

(a)

南立面图 1:100

(b)

图 3-0-2

北立面图 1:100

(a)

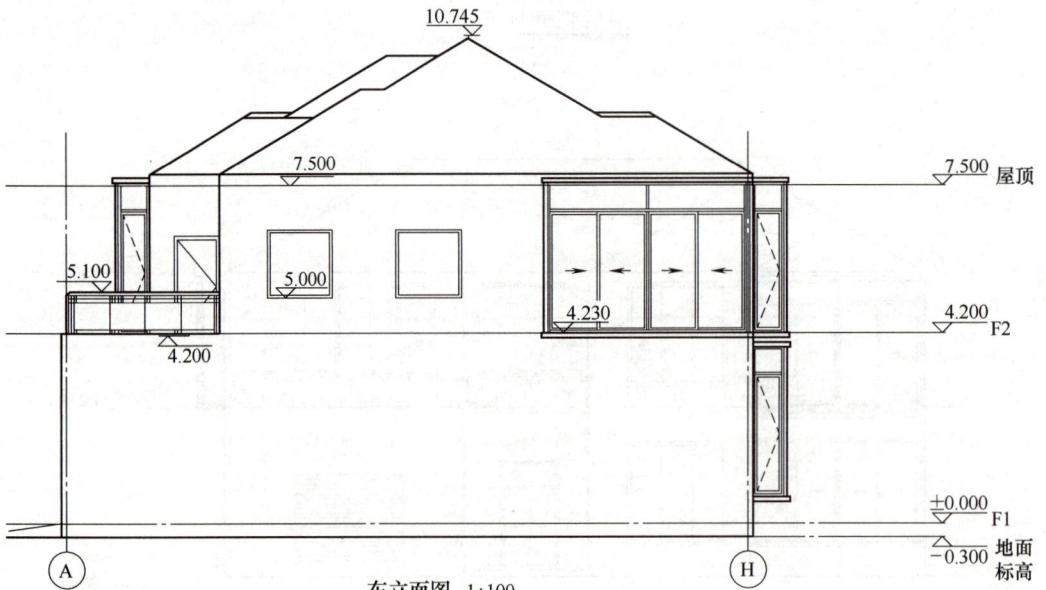

东立面图 1:100

(b)

图 3-0-3

7.500 屋顶

4.700 4.700

4.200 F2

0.500 0.500

±0.000 F1
地面标高
−0.300

H A

西立面图 1:100

(a)

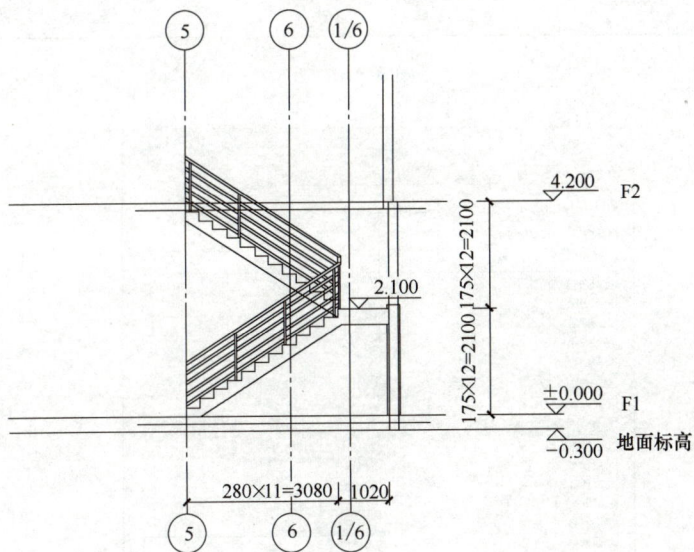

5 6 1/6

4.200 F2

2.100

175×12=2100 175×12=2100

±0.000 F1
地面标高
−0.300

280×11=3080 1020

5 6 1/6

楼梯详图 1:100

(b)

图 3-0-4

【试题解析】

本题考点：BIM 建模环境设置、BIM 参数化建模、创建图纸、模型渲染、模型文件管理；

本题难点：建筑图纸识读中的关键要素理解、项目快速建模的技能掌握、模型出图及渲染的方法。

【作图操作】

3.1 建模环境设置

1. 双击快捷方式，启动 Revit 主程序。

2. 在主界面点击"建筑样板"，进入在项目编辑模式下 Revit 的界面。

3. 单击"管理"选项卡"设置"面板的"项目信息"工具（图 3-1-1），打开"项目属性"对话框。在列表框输入"项目发布日期"为"2019 年 11 月 23 日"，输入"项目编号"为"2019001-1"，完成后单击"确定"（图 3-1-2）。

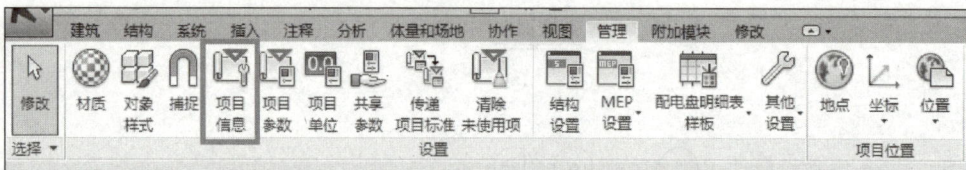

图 3-1-1

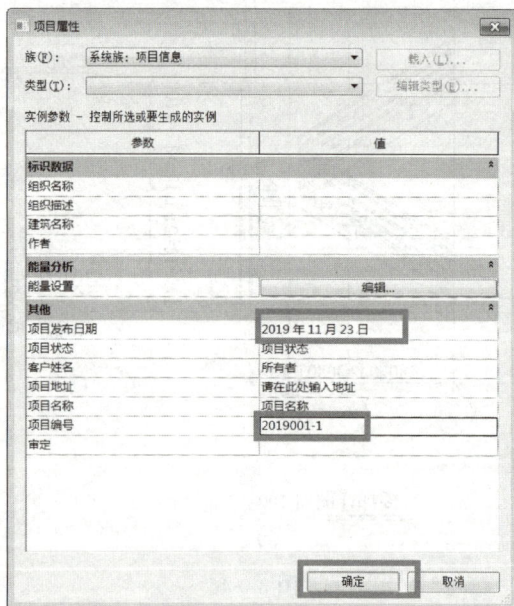

图 3-1-2

3.2　创建标高

1. 在项目浏览器中展开"立面"视图类别，双击"南"立面视图名称，切换到南立面视图。

2. 单击鼠标左键选中"标高 1"文字部分，进入文本编辑状态，将"标高 1"改为"F1"后按"Enter"键，弹出"是否希望重命名相应视图"对话框，选择"是"修改相应视图名称，采用相同的方法，将"标高 2"改为"F2"（图 3-2-1）。

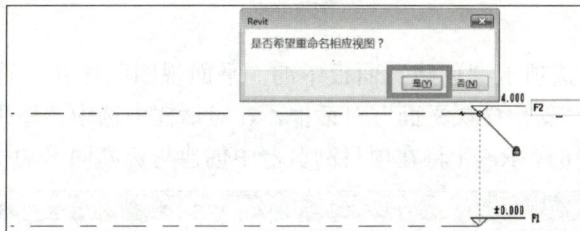

图 3-2-1

3. 移动光标至"F2"标高值位置，双击标高值，进入标高值文本编辑状态，输入"4.2"标高值后按"Enter"键确认。

4. 单击 F2 上任意一点，单击"修改"面板中"复制"工具，勾选选项栏中的"约束"和"多个"选项（图 3-2-2），再次单击 F2 上任意一点，垂直向上移动光标，使用键盘输入数值"3300"，按"Enter"键确认，并用左键选中"F3"改为"屋顶"。

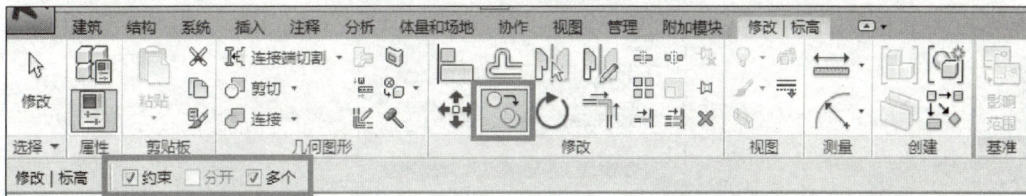

图 3-2-2

5. 单击"建筑"选项卡"基准"面板中"标高"工具（图 3-2-3），软件自动切换至"修改｜放置标高"上下文选项卡。移动光标至标高 F1 左侧下方任意位置，Revit 将在光标与标高 F1 间显示临时尺寸，指示光标位置与 F1 标高的距离。移动光标，当光标位置与标高 F1 端点对齐时，用键盘输入地面标高与 F1 的高差值"300"，单击鼠标左键确定地面标高起点，沿水平方向向右移动光标，当光标移动至已有标高右侧端点时，单击鼠标左键完成地面标高的绘制，并修改地面标高的名称为"地面标高"（图 3-2-4）。

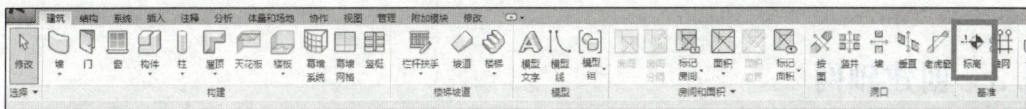

图 3-2-3

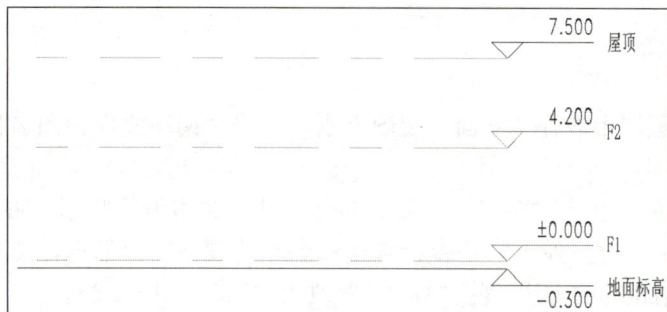

图 3-2-4

6. 单击"视图"选项卡"创建"面板中的"平面视图"按钮，选择"楼层平面"工具（图 3-2-5），打开"新建楼层平面"对话框，在对话框中选中"屋顶"标高，然后点击"确定"按钮（图 3-2-6），Revit 将在项目浏览器中创建与标高同名的楼层平面视图。

图 3-2-5

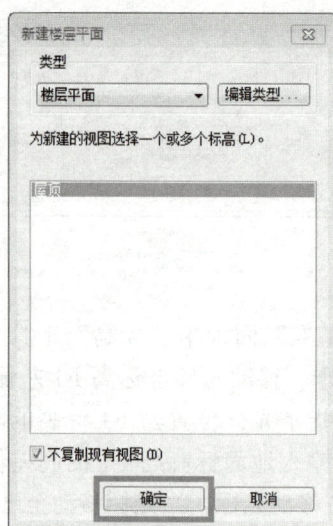

图 3-2-6

3.3 创建轴网

1. 切换至"F1"楼层平面视图。单击"建筑"选项卡"基准"面板中的"轴网"工具（图 3-3-1），软件自动切换至"修改｜放置轴网"上下文选项卡，进入轴网放置状态。

图 3-3-1

2. 单击"属性"面板中的"编辑类型"按钮，弹出"类型属性"对话框。在"轴线中段"参数值下拉列表中选择"连续"，"轴线末段颜色"选择"红色"，并勾选"平面视图轴号端点 1"和"平面视图轴号端点 2"，单击"确定"按钮退出"类型属性"对话框（图 3-3-2）。

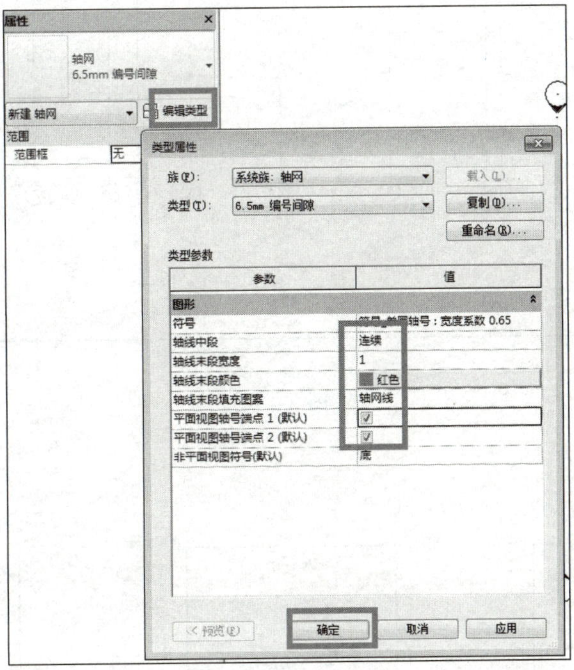

图 3-3-2

3. 移动光标至绘图区左上角空白处单击，确定第一条垂直轴线起点，沿垂直方向向下移动光标，单击左键完成第一条轴线的绘制，轴线编号为"①"。按两次"Esc"键退出放置轴网模式。

4. 单击选择①轴线，在修改面板中单击"复制"工具，确认勾选选项栏"约束"和"多个"选项。单击①轴线上任意一点作为复制基点，向右移动鼠标，使用键盘输入数值"600"，按"Enter"键确认，生成②轴线。使用复制方式在②轴线的右侧生成其他垂直轴线，间距依次为 3900mm、4400mm、3600mm、2100mm、1200mm、3000mm，依次修改轴线编号为③、④、⑤、⑥、⑯、⑦（图 3-3-3）。

5. 单击选择②轴线，在接近轴线编号处点击"添加弯头"（图 3-3-4），轴线编号自动向左偏移，长按左键并拖拽折点向右（图 3-3-5），使①轴线和②轴线的编号不重叠（图 3-3-6）。

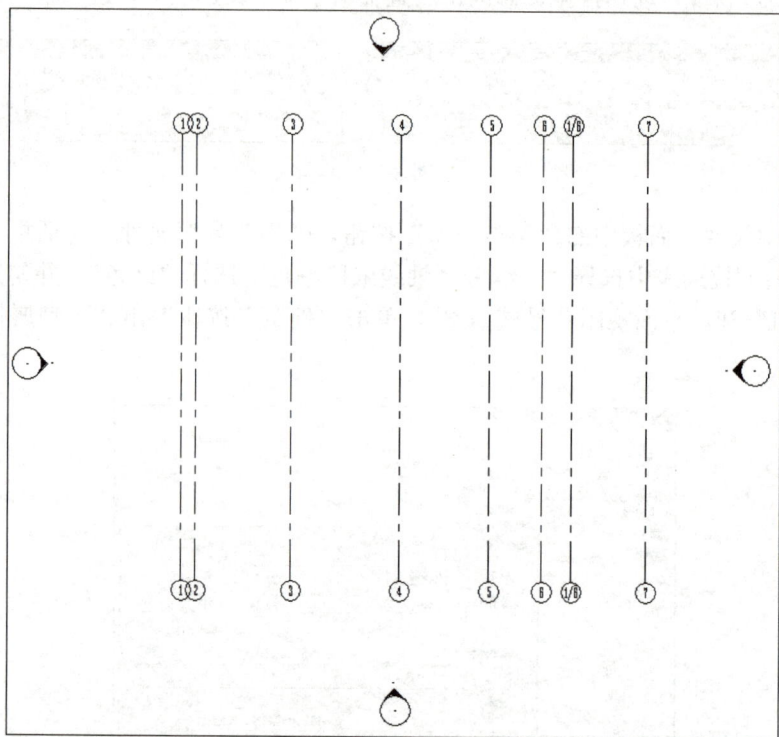

图 3-3-3

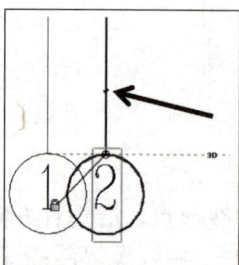

图 3-3-4

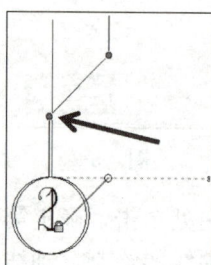

图 3-3-5

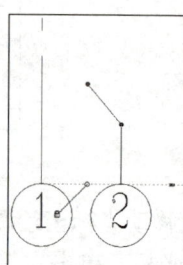

图 3-3-6

6. 单击"轴网"工具，移动光标至空白视图左下角空白处单击，确定水平轴线起点，沿水平方向向右移动光标至适当位置时，单击左键完成第一条水平轴线的绘制，按两次"Esc"键退出放置轴网模式，修改轴线编号为"Ⓐ"。

7. 单击选择Ⓐ轴线，在修改面板中单击"复制"工具，拾取Ⓐ轴线上任意一点作为复制基点，垂直向上移动鼠标，依次输入复制间距为 2000mm、900mm、1200mm、2700mm、3000mm、1500mm、3000mm、1200mm，依次修改轴线编号为Ⓑ、Ⓒ、Ⓓ、Ⓔ、Ⓕ、Ⓕ、Ⓖ、Ⓗ（图 3-3-7）。

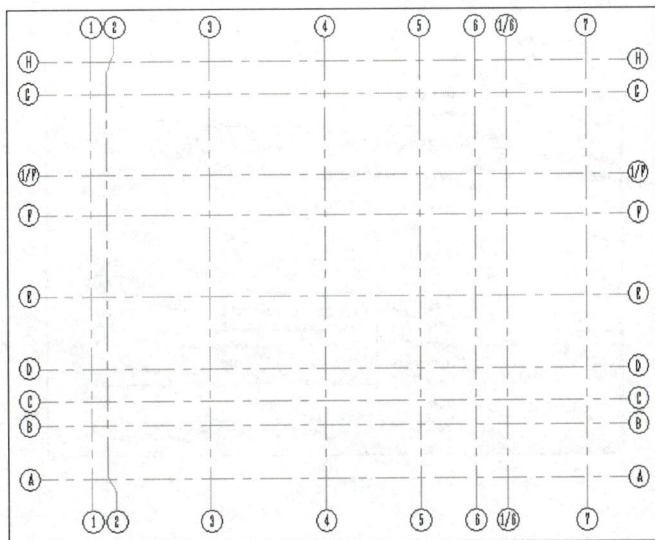

图 3-3-7

3.4　绘制墙体

3.4.1　定义墙体类型

1. 单击"建筑"选项卡"构建"面板"墙"工具下拉菜单，在列表中选择"墙：建筑"工具（图 3-4-1），进入墙绘制状态，自动切换至"墙：建筑"上下文选项卡。

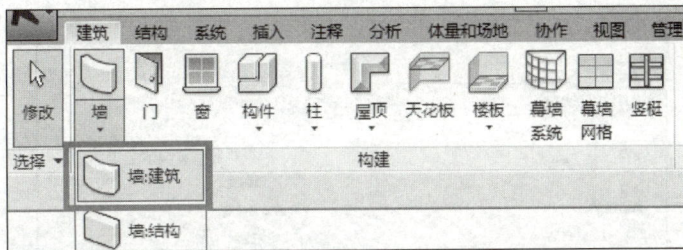

图 3-4-1

2. 单击"属性"面板"编辑类型"按钮，打开"类型属性"对话框。在"类型属性"对话框中确认"族"列表中当前族为"系统族：基本墙"。单击"复制"按钮输入"外墙-240-红砖"名称，完成后单击"确定"按钮返回属性类型对话框（图 3-4-2）。

3. 单击类型参数列表框中"结构"参数后的"编辑"按钮，弹出"编辑部件"对话框。点击第 2 层材质按钮（图 3-4-3），弹出"材质浏览器"对话框。在"材质浏览器"对话框底部展开"Autodesk 材质"列表，在材质名称列表中双击系统自带的"砖，普通，红色"材质，该材质将添加到顶部"项目材质：所有"列表。在"项目材质：所有"材质列表中选择新添加的"砖，普通，红色"材质，单击"确定"按钮，返回到"编辑部件"对话框（图 3-4-4）。

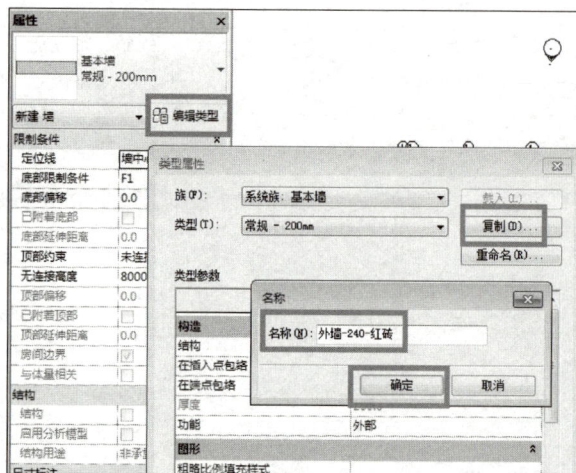

图 3-4-2

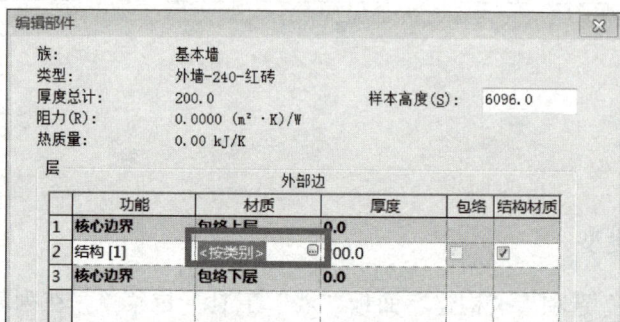

图 3-4-3

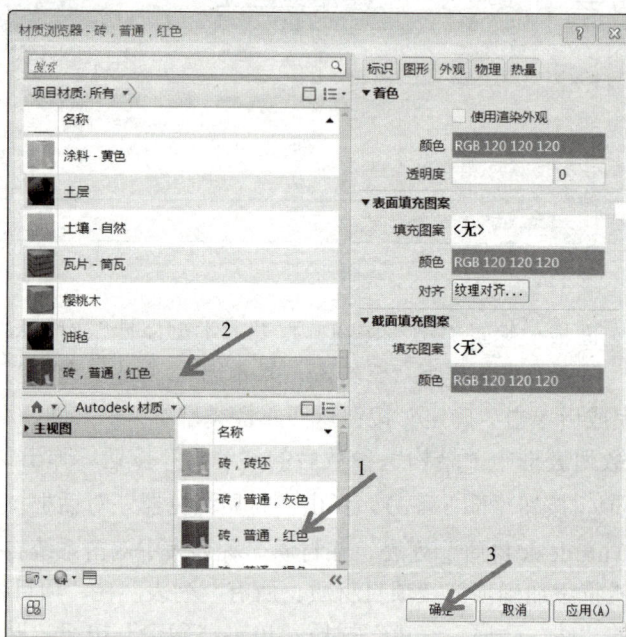

图 3-4-4

4. 单击"编辑部件"对话框中"插入"按钮，并单击"向上"按钮，向上移动该层，直到该层编号为 1，将该层功能更改为"面层 1[4]"，并修改该构造层"厚度"值为 20mm（图 3-4-5）。单击该行的"材质"单元格中的 ⋯ 按钮，弹出"材质浏览器"对话框，在对话框下部"Autodesk 材质"类别列表中选择"瓷砖，机制"材质并双击，将该材质添加到"项目材质：所有"列表，在列表中选择新添加的"瓷砖，机制"材质，单击"确定"按钮，返回到"编辑部件"对话框（图 3-4-6）。

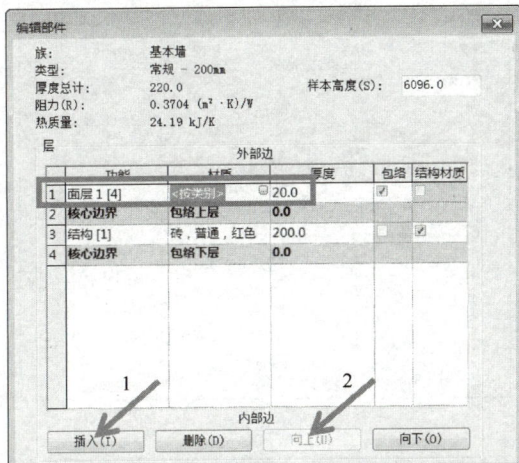

图 3-4-5

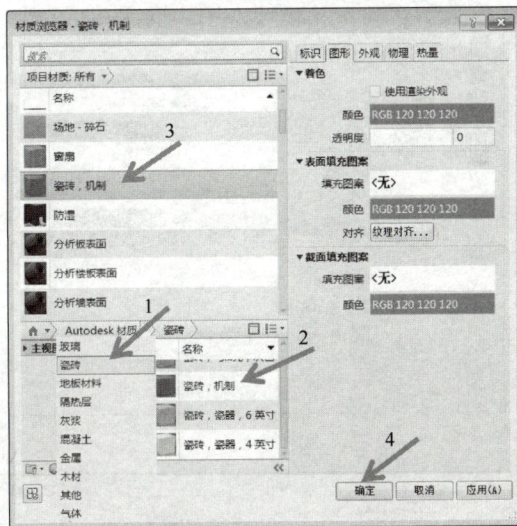

图 3-4-6

5. 采用与上一步操作相似的步骤，再次单击"插入"按钮，并单击"向下"按钮向下移动该层，直到该层编号为 5，将该层功能更改为"面层 2[5]"，修改"厚度"值为 20mm（图 3-4-7）。单击该行的"材质"单元格中的 ⋯ 按钮，弹出"材质浏览器"对话框，在"项目材质：所有"列表中选择"涂料-黄色"材质名称，单击鼠标右键，在弹出的快捷菜单中选择"复制"，复制当前材质，默认命名为"涂料-黄色（1）"，再次用右键单击"涂料-黄色（1）"，在弹出的快捷菜单中选择"重命名"，将材质重命名"涂料-米色"（图 3-4-8）。单击

"材质浏览器"对话框中"外观"的"替换此资源"按钮（图 3-4-9），弹出"资源浏览器"对话框。单击"外观库"的"墙漆"类型，在"资源名称"表里双击"米色"（图 3-4-10）。关闭"资源浏览器"返回"材质浏览器"对话框，勾选"图形"资源中"着色"特性的"使用渲染外观"（图 3-4-11），单击"确定"按钮，返回到"编辑部件"对话框，单击"确定"按钮返回"类型属性"对话框，再次单击"确定"按钮，完成外墙的定义。

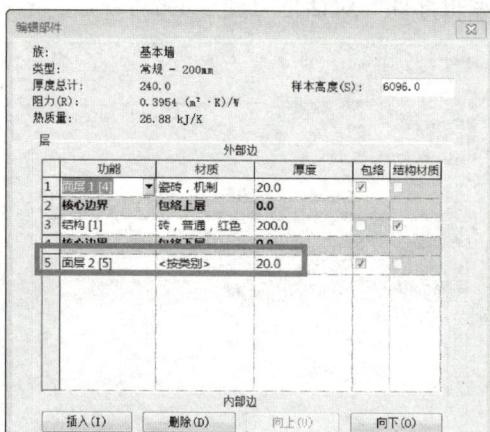

图 3-4-7

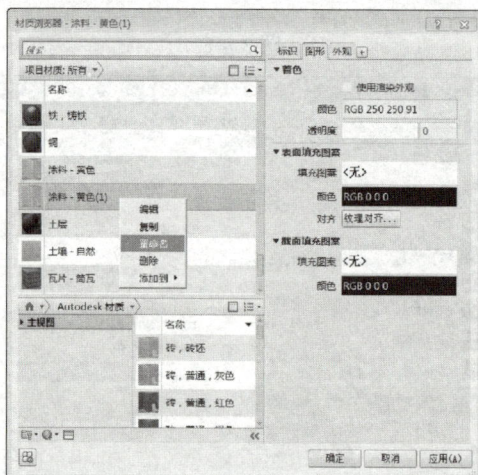

图 3-4-8

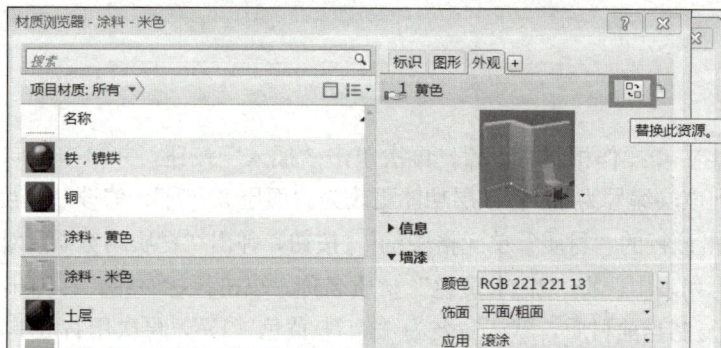

图 3-4-9

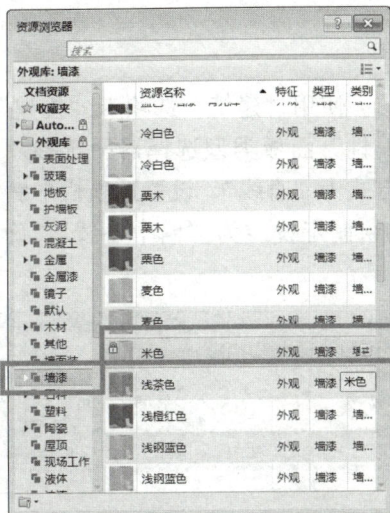

图 3-4-10

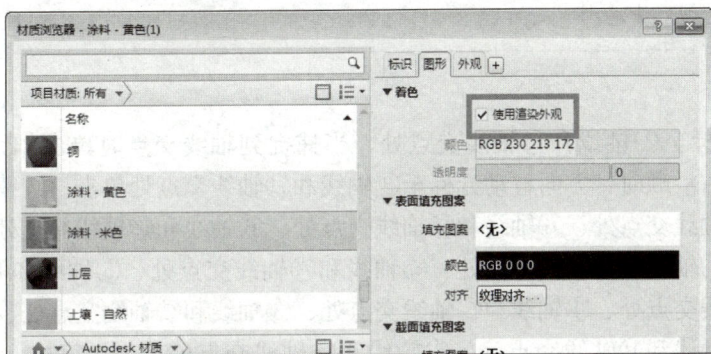

图 3-4-11

6. 再次单击"属性"面板"编辑类型"按钮，打开"类型属性"对话框。单击"复制"按钮输入"内墙-200-加气块"名称，完成后单击"确定"按钮返回属性类型对话框。

7. 单击"编辑"按钮，弹出"编辑部件"对话框，分别选择1层和5层，单击"删除"。

8. 单击2层"材质"单元格中的 ... 按钮，弹出"材质浏览器"对话框，在材质类别列表中找到"混凝土砌块"，双击"混凝土砌块"材质，返回到"编辑部件"对话框（图3-4-12）。再次单击"确定"按钮，完成内墙的定义。

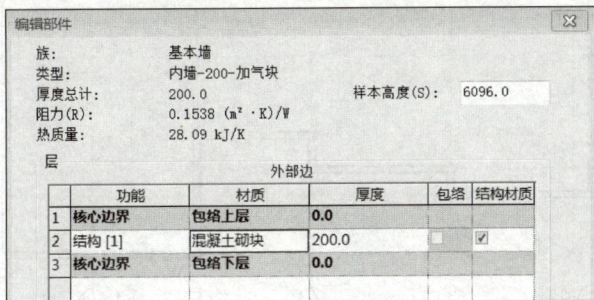

图 3-4-12

3.4.2 创建墙体

1. 切换至 F1 楼层平面图。使用"建筑"选项卡"构建"面板中"墙：建筑"工具，进入建筑墙绘制状态。在"属性"面板类型选择器中选择"外墙-240-红砖"墙类型。确认"绘制"面板中墙的绘制方式为"直线"，设置选项栏中墙生成方式为"高度"，确定高度的标高为"F2"，设置墙的绘制定位线为"墙中心线"，确认勾选"链"选项，偏移量为"0.0"（图 3-4-13）。

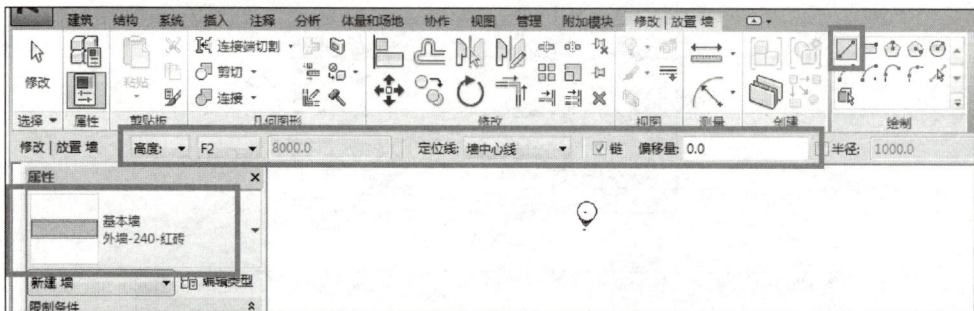

图 3-4-13

2. 移动光标至①轴线和⊞轴线交点处，当捕捉到轴线交点时单击作为墙绘制起点，沿水平方向向右沿顺时针方向移动光标至③轴线和⊞轴线交点处单击。继续依次移动光标至③轴线和ⓖ轴线交点处、⑥轴线和ⓖ轴线交点处、⑥轴线和⊞轴线交点处、⑦轴线和⊞轴线交点处、⑦轴线和Ⓐ轴线交点处、⑤轴线和Ⓐ轴线交点处、⑤轴线和Ⓓ轴线交点处、④轴线和Ⓓ轴线交点处、④轴线和Ⓒ轴线交点处、③轴线和Ⓒ轴线交点处、③轴线和Ⓑ轴线交点处、①轴线和Ⓑ轴线交点处、①轴线和⊞轴线交点处单击，完成一层外墙的绘制（图 3-4-14）。完成后按"Esc"键退出绘制状态。

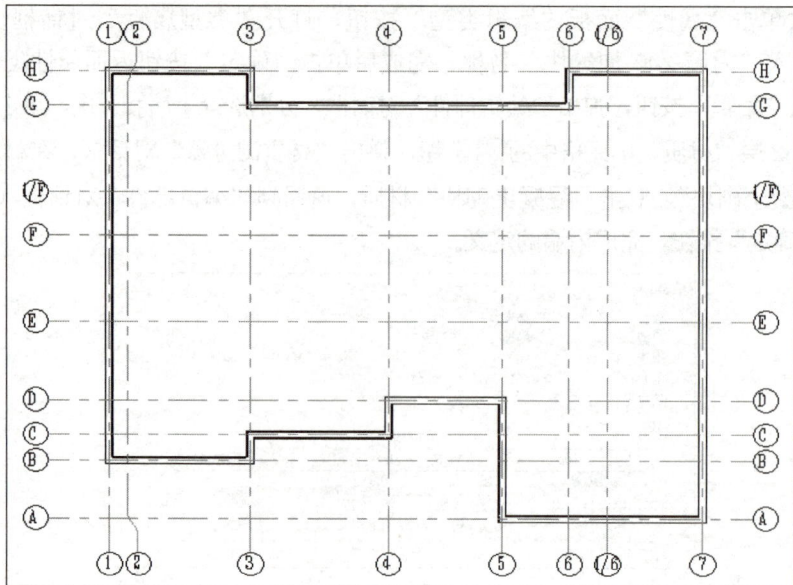

图 3-4-14

3. 完成了外墙绘制之后，采用类似的方式创建 F1 内墙，在绘制时注意内墙的墙体类型与外墙不同。单击"建筑"选项卡"工作平面"面板中"参照平面"工具（图 3-4-15），进入参照平面绘制模式，软件自动切换至"修改|放置参照平面"上下文选项卡。

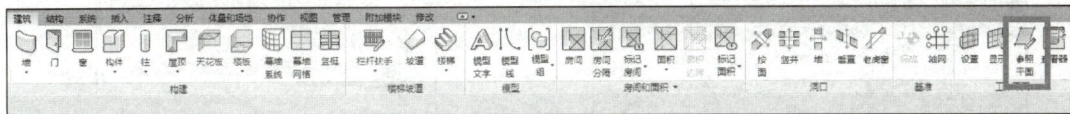

图 3-4-15

4. 配合使用临时尺寸标注功能，在⑦轴线左侧 2100mm 位置沿垂直方向绘制参考平面分别与Ｆ轴线与Ｅ轴线相交（图 3-4-16）。完成后按两次"Esc"键退出参照平面绘制模式。

5. 使用墙工具。在"属性"面板类型选择器中选择当前墙类型为"内墙-200-加气块"，确认墙绘制方式为"直线"，确认选项栏墙的生成方式为"高度"，达到标高为"F2"，墙绘制定位线为"墙中心线"，确认勾选"链"选项，偏移量为"0.0"。

6. 拾取③轴线和Ｇ轴线交点作为起点，③轴线和Ｆ轴线交点作为终点，沿③轴线绘制内墙图元（其他内墙位置参考图 3-4-17）。

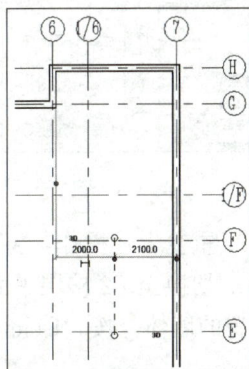

图 3-4-16

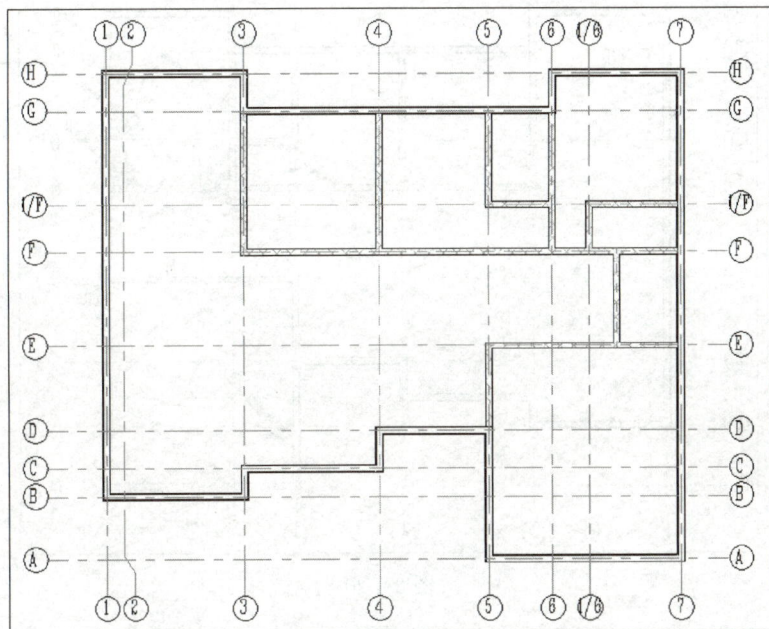

图 3-4-17

7. 在 F1 视图模式下，选择任意已创建的外墙，单击鼠标右键，在弹出右键菜单中选择"选择全部实例→在视图中可见"选项，自动进入"修改|墙"上下文选项卡。单击"剪贴板"面板中"复制到剪贴板"工具，将所有图元复制到剪贴板。单击"剪贴板"面

板中"粘贴"工具下拉列表，在列表中选择"与选定的标高对齐"选项（图 3-4-18），弹出"选择标高"对话框。在标高列表中选择"F2"，单击"确定"按钮，将所选择墙体对齐粘贴至 F2 标高（图 3-4-19）。

图 3-4-18

图 3-4-19

8. 重复上述操作，将 F1 的内墙对齐粘贴至 F2 标高。

9. 切换至 F2 楼层平面视图，Revit 已在 F2 标高中生成完全相同的墙体。选择箭头所指位置的墙体，按"Delete"键将所选择的墙体图元删除（图 3-4-20）。

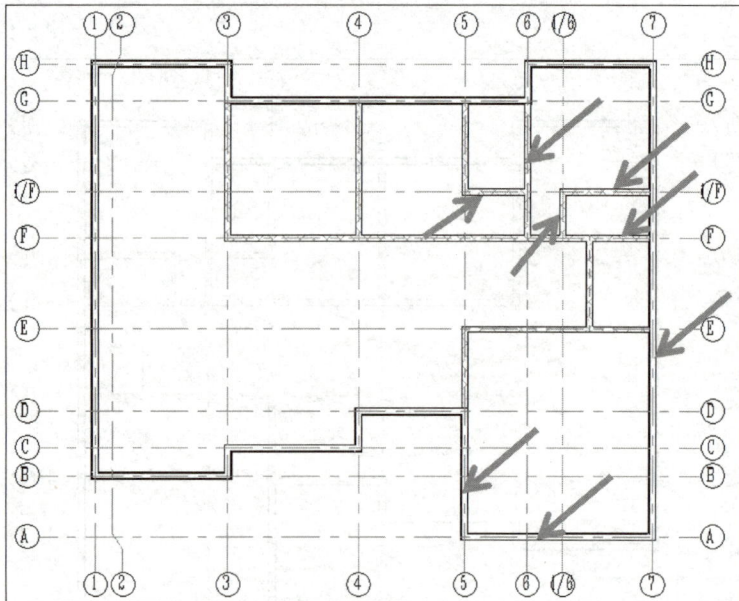
图 3-4-20

10. 使用参照平面工具，在Ｆ轴线上方 2020mm 位置沿水平方向绘制参考平面分别与④轴线与⑤轴线相交；在Ｃ轴线上方 700mm 位置沿水平方向绘制参考平面分别与①⑥轴线与⑦轴线相交；在⑦轴线左侧 2200mm 位置沿垂直方向绘制参考平面分别与Ｆ轴线与Ｂ轴线相交。

11. 使用墙工具。确认当前墙类型为"外墙-240-红砖"，绘制方式为"直线"，墙生成方式为"高度"，确定高度的标高为"屋顶"，墙的绘制定位线为"墙中心线"，确认勾选"链"选项，偏移量为"0.0"。拾取⑦轴线和⑭轴线交点作为起点，沿顺时针方向，按下图箭头所示位置和尺寸补充其余外墙（图3-4-21）。

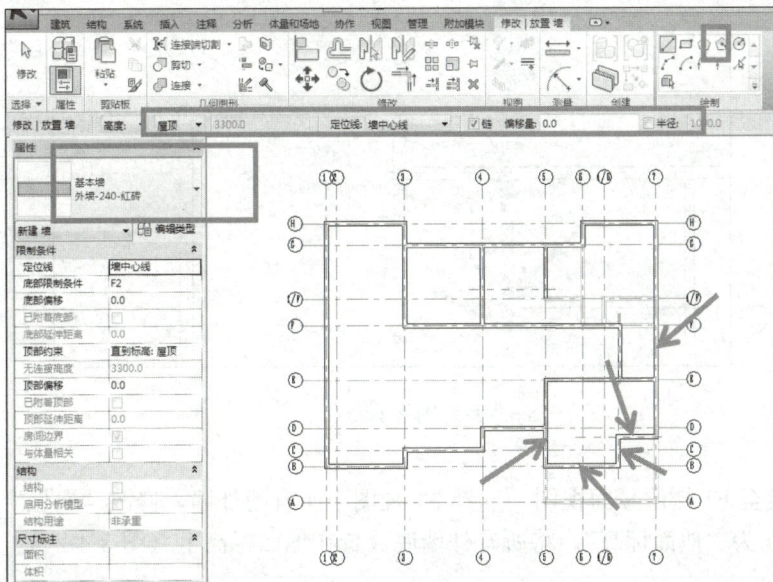

图 3-4-21

12. 使用建筑墙工具。选择当前墙类型为"内墙-200-加气块"，其余设置与上一步骤相同。按图3-4-22箭头所示位置和尺寸补充其余内墙。

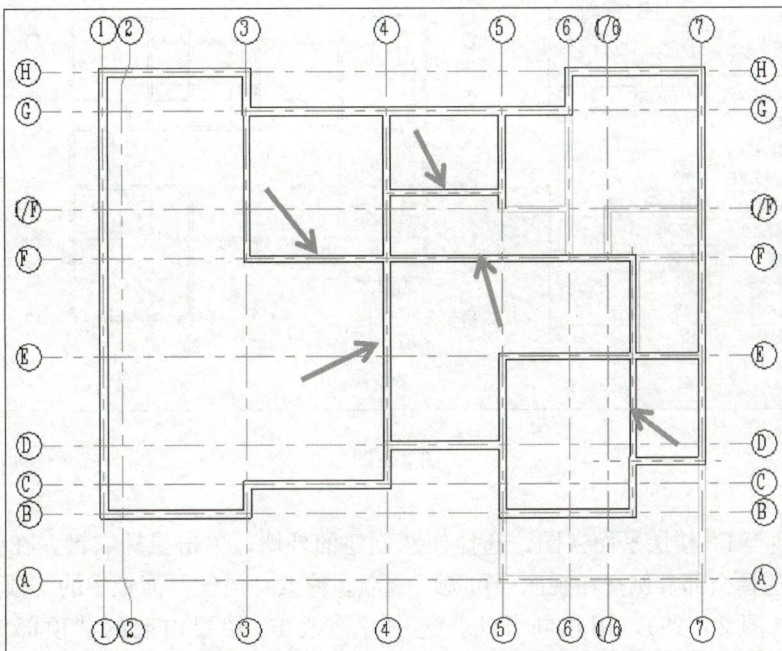

图 3-4-22

13. ⑤轴线的内墙从Ⓖ轴线到①/Ⓕ轴线的长度需要修改，修改的方法：点击需要修改的墙，自动切换至"修改│墙"上下文选项卡，用左键选择"拖拽墙端点"，将墙端点从①/Ⓕ轴线的点 1 处拖拽到与水平内墙相交点的 2 处（图 3-4-23）。

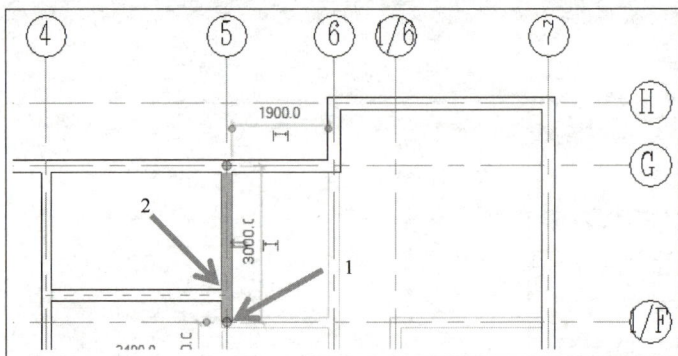

图 3-4-23

14. 切换至 F1 楼层平面视图。选择 F1 视图中所有的外墙，修改"属性"面板中"底部限制条件"为"地面标高"，将所有外墙底放置在地面标高上（图 3-4-24）。

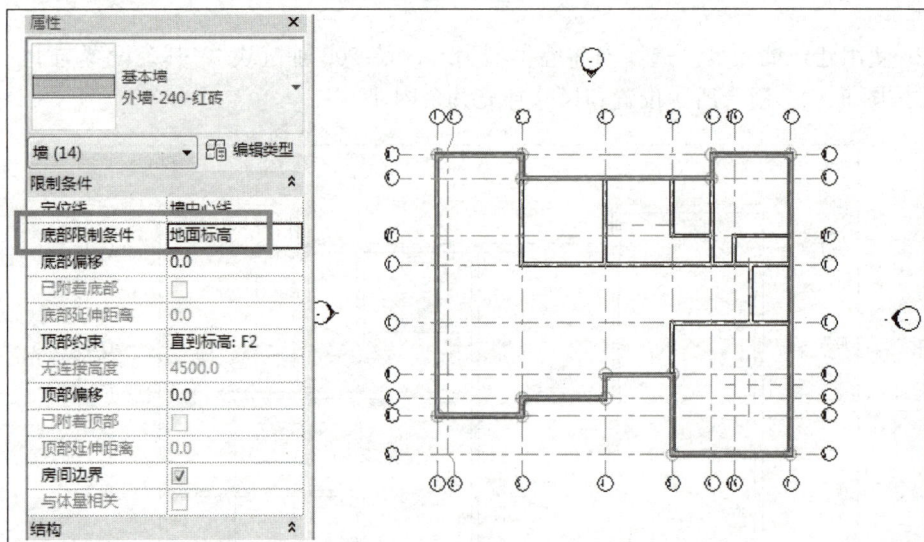

图 3-4-24

15. 切换至 F2 楼层平面视图。选择任意创建的外墙，单击鼠标右键，在弹出右键菜单中选择"选择全部实例→在视图中可见"选项。修改"属性"面板中的"顶部偏移"值为"0.0"（图 3-4-25）。用相同方法，选中并修改 F2 楼层内墙的"顶部偏移"值为"0.0"。

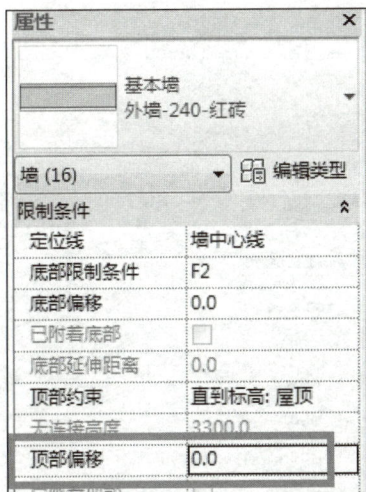

图 3-4-25

3.5　绘制楼板

3.5.1　定义楼板类型

1. 切换至 F1 楼层平面视图。单击"建筑"选项卡"构建"面板中"楼板"工具下方的下拉三角箭头，从下拉菜单中选择"楼板：建筑"命令，自动切换至"修改｜创建楼层边界"上下文选项卡。

2. 单击"属性"面板"编辑类型"按钮，打开"类型属性"对话框。在"类型属性"对话框中以"常规-150mm"为基础，复制建立名称为"楼板-150-混凝土"的新楼板类型。单击"类型参数"列表中"结构"参数的"编辑"按钮，弹出"编辑部件"对话框。单击第 2 层"材质"单元格中的 ... 按钮，弹出"材质浏览器"对话框，点击"新建材质"按钮，在"名称"栏就添加了"默认为新材质"，右键单击"默认为新材质"，在弹出的快捷菜单中选择"重命名"，将材质重命名"混凝土，现场浇筑-C30"。继续选中"混凝土，现场浇筑-C30"并单击"资源浏览器"按钮，在"资源浏览器"对话框的搜索栏输入"C30"，在搜索结果中找到符合要求的资源，点击"替换"按钮（图 3-5-1），关闭"资源浏览器"。单击"确定"按钮返回到"编辑部件"对话框，单击"确定"按钮返回"类型属性"对话框，再次单击"确定"按钮，完成楼板的定义。

3.5.2　创建楼板

1. 确认当前视图为 F1 楼层平面视图，在"属性"面板类型选择器列表中选择"楼板-150-混凝土"作为当前使用的楼板类型。确认"属性"面板中"标高"为"F1"，"自标高的高度偏移"值为"0.0"，设置选项栏偏移值为"0.0"，确认勾选"延伸到墙中（至核心层）"选项（图 3-5-2）。

2. 单击"绘制"面板中的"拾取墙"按钮，依次沿 F1 外层墙体外侧边缘位置单击，

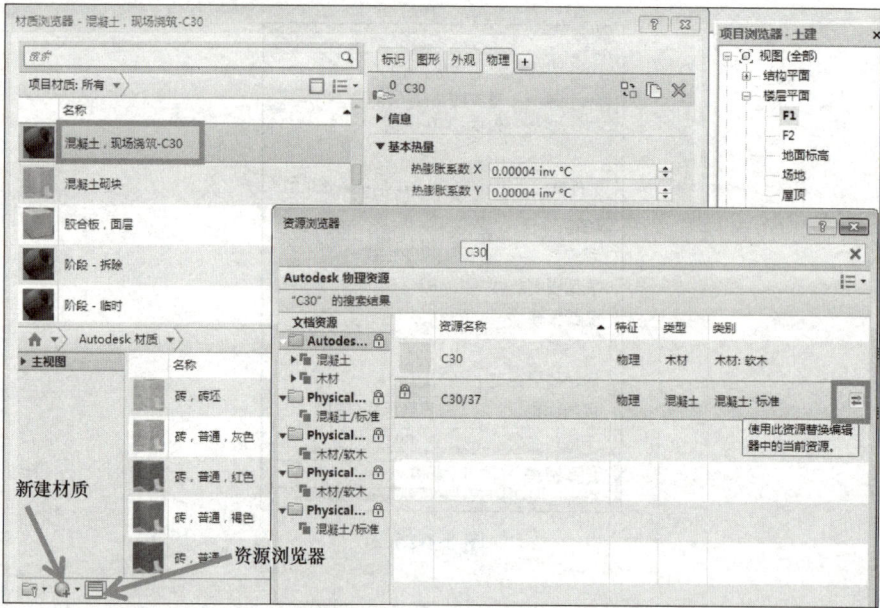

图 3-5-1

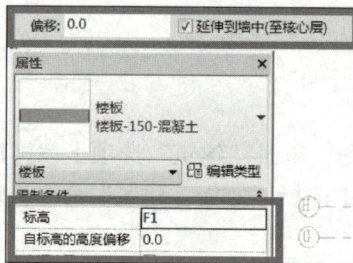

图 3-5-2

Revit 将沿所拾取墙的核心层边界位置生成楼板轮廓边界，单击"完成编辑模式"按钮（图 3-5-3），完成地坪的创建。

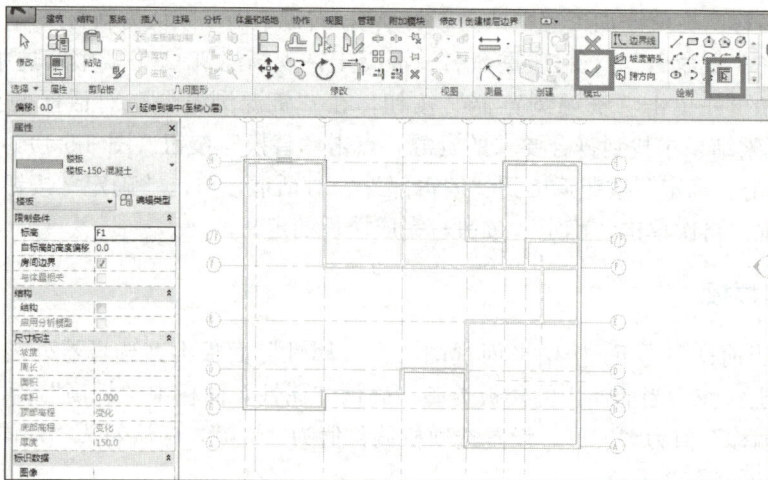

图 3-5-3

3. 由于楼板与外墙部分重叠，软件将给出关于是否希望连接几何图形的选择，单击"否"，不接受该建议（图3-5-4）。

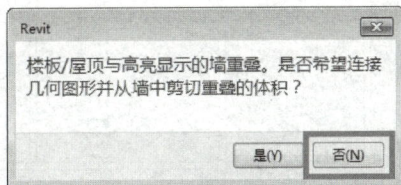

图 3-5-4

4. Revit自动切换至"修改 | 楼板"上下文选项卡，单击此选项卡"模式"面板中的"编辑边界"按钮，切换至"修改 | 楼板＞编辑边界"上下文选项卡，删除⑤轴线处Ⓐ～Ⓓ轴线的楼板路径线、④轴线处Ⓒ～Ⓓ轴线的楼板路径线和Ⓓ轴线处④～⑤轴线的楼板路径线（图3-5-5）。

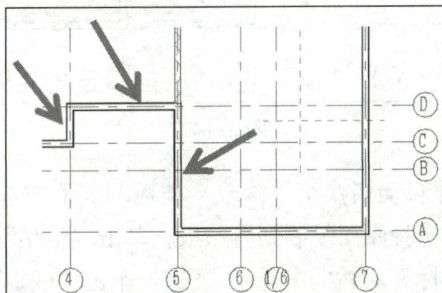

图 3-5-5

5. 单击"绘制"面板中的"直线"按钮，设置选项栏偏移量为"0.0"，在④轴线与Ⓒ轴线交点的墙拐角处单击，垂直向下移动光标，与Ⓐ轴线墙外边线对齐后单击，并水平向右与⑤轴线处的墙拐角闭合，单击"模式"面板中的"完成编辑模式"按钮（图3-5-6），完成一层地坪的创建（图3-5-7）。

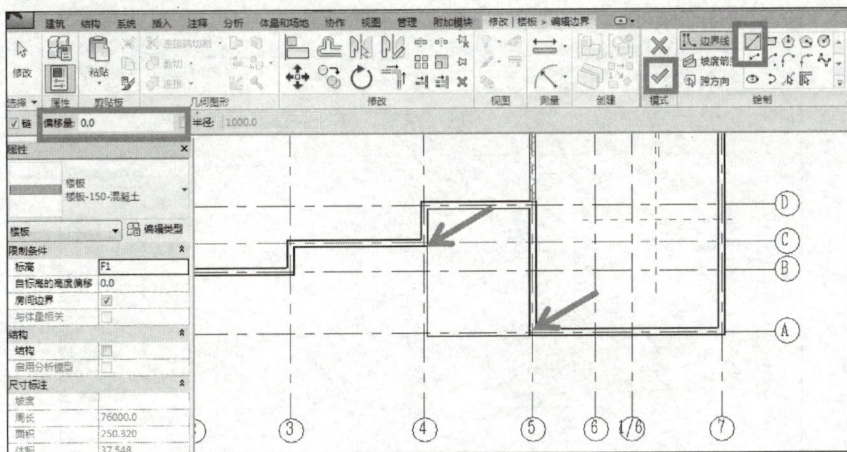

图 3-5-6

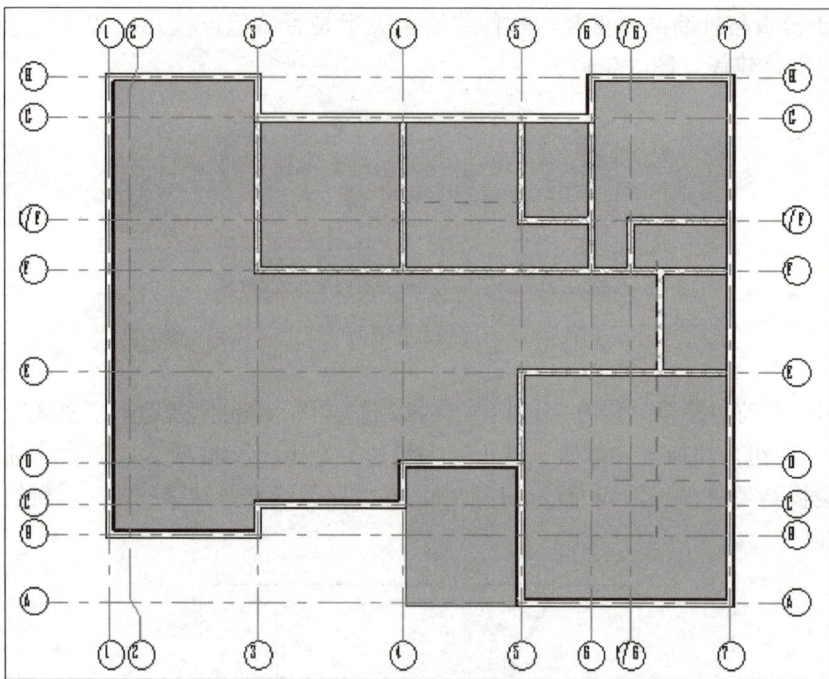

图 3-5-7

6. 选中一层地坪，软件自动切换至"修改│楼板"上下文选项卡，单击"剪贴板"面板中的"复制"工具，将所选择图元复制到剪贴板。单击"粘贴"下拉列表中"与选择标高对齐"命令，在弹出的选择标高对话框中选择"F2"，单击"确定"按钮创建二层楼板。

7. 切换至 F2 楼层平面视图，选中二层楼板，自动切换至"修改│楼板"上下文选项卡，单击此选项卡"模式"面板中的"编辑边界"按钮，切换至"修改│编辑边界"上下文选项卡，单击"绘制"面板中的"矩形"按钮，设置选项栏"偏移量"为 0.0，捕捉⑤轴线与Ⓕ轴线交点处墙内侧，将其作为起点向右下方移动光标，绘制一个 4000mm×2800mm 的矩形。绘制完成后，单击"模式"面板中的"完成编辑模式"按钮，完成二层楼板的创建（图3-5-8）。当弹出关于是否将此楼层的墙附着到此楼层的底部的选择时，选择"否"（图 3-5-9）。

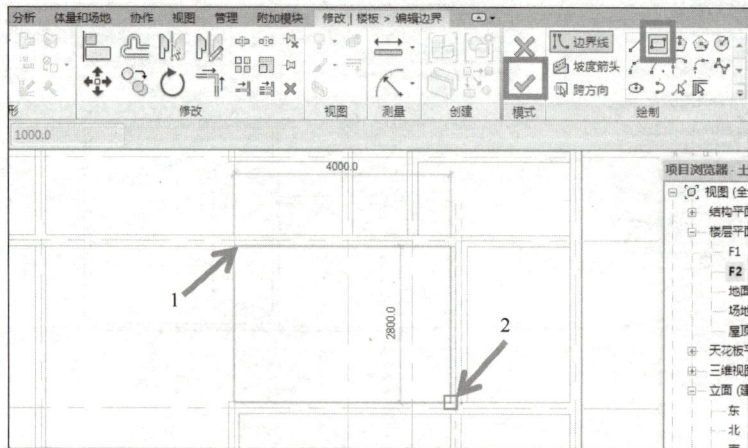

图 3-5-8

8. 由于楼板与外墙部分重叠，Revit 将弹出关于是否希望连接几何图形的选择，单击"否"，不接受该建议（图 3-5-10）。

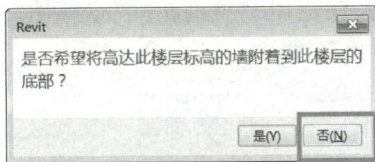

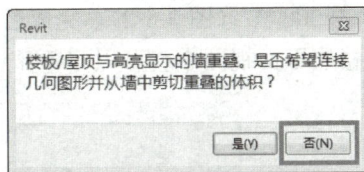

图 3-5-9　　　　　　　　　　　　　　　图 3-5-10

3.6　绘制屋顶

3.6.1　定义屋顶类型

1. 切换至屋面楼层平面视图。单击"建筑"选项卡"构建"面板中"楼板屋顶"工具下方的下拉三角箭头，从下拉菜单中选择"迹线屋顶"命令，进入"修改｜创建屋顶迹线"上下文选项卡。

2. 在"属性"面板类型选择器中，选择"基本屋顶：常规 400mm"作为当前屋顶类型。打开"类型属性"对话框，该对话框与楼板对话框内容相似，复制建立名称为"屋面-200 混凝土"的类型，打开"编辑部件"对话框，修改结构层材质为"混凝土，现场浇筑-C30"，修改厚度为200mm。完成后两次单击"确定"按钮退出"类型属性"对话框。

3.6.2　创建屋顶

1. 确认绘制面板中当前绘制对象为"边界线"，确认生成边界线的方式为"拾取墙"。确认勾选"定义坡度"选项，设置悬挑值为0。依次沿外墙外表面单击拾取墙体（因为属性面板中坡度的默认值是30°，与题设相同，所以屋面坡度不需要重新设定），单击"模式"面板中的"完成编辑模式"按钮，Revit 将沿外墙生成屋顶迹线（图 3-6-1）。

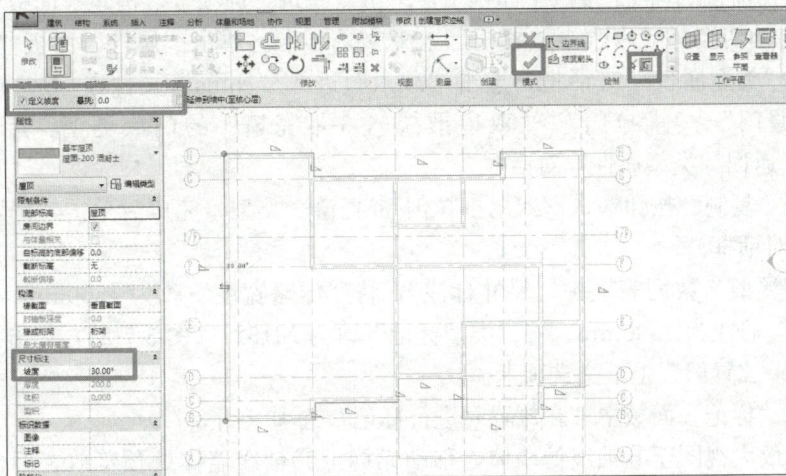

图 3-6-1

2. 单击绘图区域空白处，退出屋顶修改模式，在"属性"面板中点击"视图范围"的"编辑"对话框，修改"主要范围"的"顶"为"无限制"，修改"剖切面"的"偏移量"为"5000.0"（图 3-6-2），完成后单击"确定"按钮退出"类型属性"对话框。此时在屋面楼层平面视图中就可以完整显示坡屋面的水平投影图。

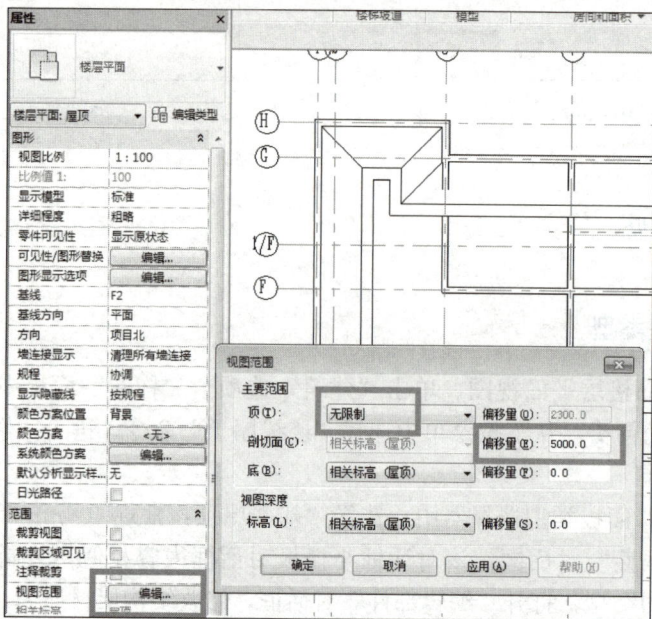

图 3-6-2

3.7　创建门窗

3.7.1　一层门的创建

1. 切换当前视图为 F1 楼层平面视图，单击"建筑"选项卡"构建"面板中"门"命令，Revit 自动切换至"修改｜放置门"上下文选项卡。单击"属性"面板"编辑类型"按钮，打开"类型属性"对话框，点击"载入"进入"china"文件夹，选择"建筑"→"门"→"普通门"→"推拉门"→"双扇推拉门 6-带亮窗"的门族类型，点击"打开"（图 3-7-1），返回"类型属性"对话框。

2. 单击"复制"按钮输入"双扇推拉门-带亮窗"类型，完成后单击"确定"按钮返回属性类型对话框。

3. 单击类型参数列表框中"尺寸标注"，将"粗略宽度"改为 1500mm，Revit 将自动把"宽度"修改为 1500mm。将"类型标记"改为 M1527（图 3-7-2），单击"确定"切换至"修改｜放置门"上下文选项卡。

4. 单击"标记"面板中"在放置时进行标记"选项（图 3-7-3）。

5. 适当放大视图至①轴线处墙体，移动光标至①轴线墙体处预览放置门，左右移动光标，当门左右两侧的临时尺寸标注相等时，单击鼠标左键放置门（图 3-7-4）。

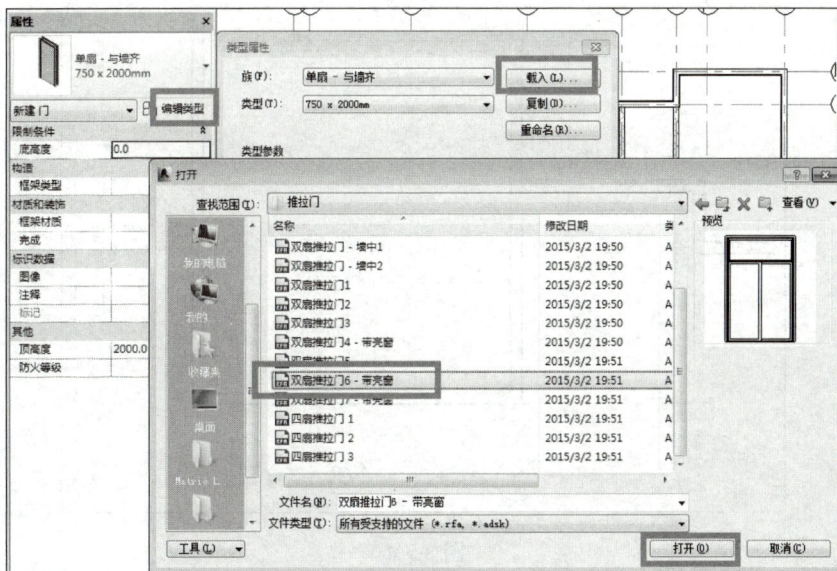

图 3-7-1

图 3-7-2

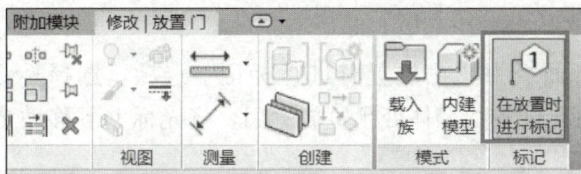

图 3-7-3

6. 参考上一步骤做法，载入"双扇推拉门5"的门族类型，并复制为"双扇推拉门"类型，修改参数列表框中"尺寸标注"的"粗略高度"为 2100mm，"粗略宽度"为

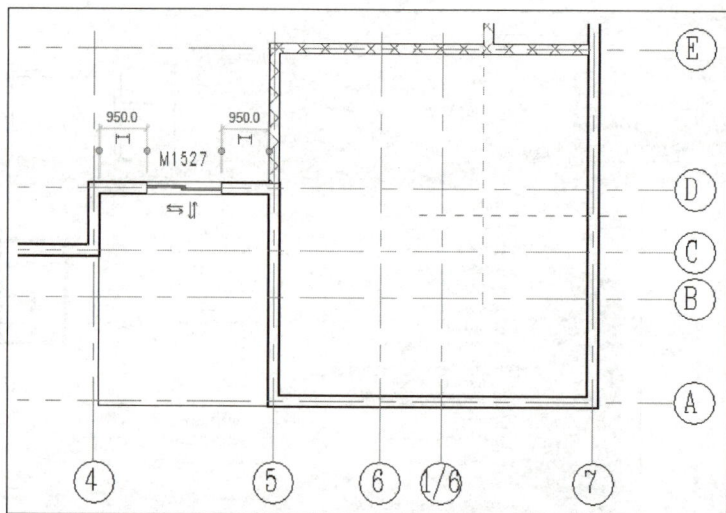

图 3-7-4

1500mm，将"类型标记"改为 M1521（图 3-7-5），单击"确定"切换至"修改｜放置门"上下文选项卡。

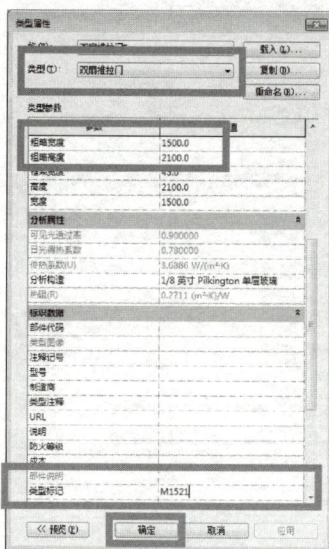

图 3-7-5

7. 单击"标记"面板中"在放置时进行标记"选项，选择标记的方向为"垂直"（图 3-7-6），移动光标至③轴线墙体处预览放置门，将光标上下移动至①/⑥轴线时，单击鼠标左键放置门（图 3-7-7）。

图 3-7-6

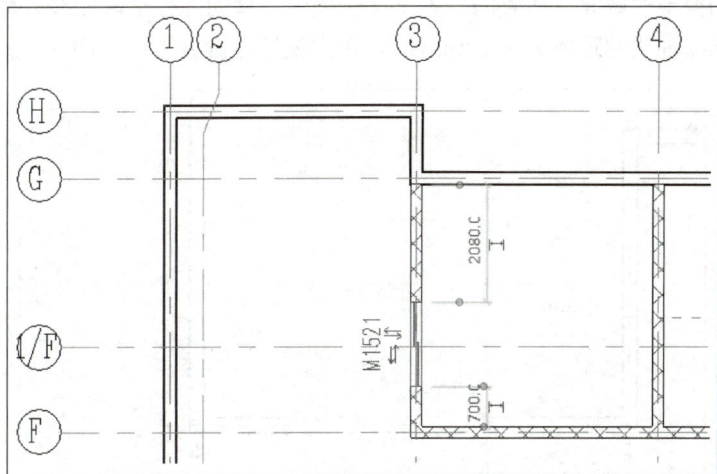

图 3-7-7

8. 使用门工具。载入"建筑"→"门"→"普通门"→"平开门"→"单扇"→"单嵌板木门1"的门族类型。

9. 单击"类型属性"对话框，复制并重命名为"单扇平开门"，检查参数列表框中"尺寸标注"的"高度"为2100mm，"宽度"为900mm，并将"类型标记"改为M0921，单击"确定"切换至"修改｜放置门"上下文选项卡。移动光标至Ⓕ轴线与④轴线交点右侧墙上单击鼠标左键放置门。使用相同的方式在①/Ⓕ轴线与⑥轴线交点左侧墙上、Ⓕ轴线与⑥轴线交点上侧墙上、Ⓕ轴线与①/⑥轴线交点上侧墙上、Ⓔ轴线与①/⑥轴线交点的墙上、Ⓕ轴线到Ⓔ轴线的内墙上放置门（图3-7-8）。

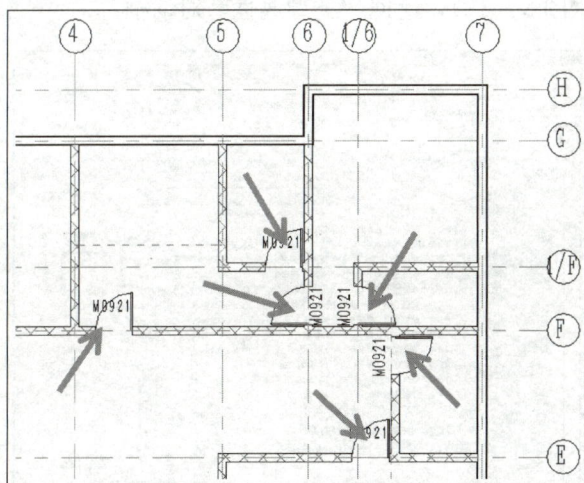

图 3-7-8

10. 使用门工具。载入"建筑"→"门"→"卷帘门"→"水平卷帘门"的门族类型。

11. 单击"类型属性"对话框，复制并重命名为"水平卷帘门"，检查参数列表框中"尺寸标注"的"高度"为3000mm，"宽度"为2400mm，并将"类型标记"改为JLM3024，单击"确定"切换至"修改｜放置门"上下文选项卡。移动光标至Ⓐ轴线外墙上，当门左侧临时尺寸标注到⑤轴线的距离为 1520mm 时，单击鼠标左键放置门（图 3-7-9）。

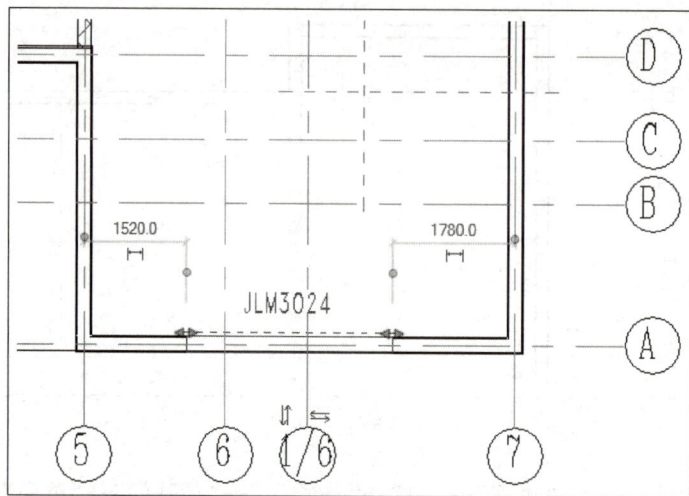

图 3-7-9

3.7.2　一层窗的创建

1. 保持当前视图为 F1 楼层平面视图，单击"建筑"选项卡"构建"面板中"窗"命令，Revit 自动切换至"修改｜放置窗"上下文选项卡。单击"属性"面板"编辑类型"按钮，打开"类型属性"对话框，点击"载入"进入"china"文件夹，选择"建筑"→"窗"→"普通窗"→"组合窗"→"组合窗-双层三列（平开+固定+平开)-上部双扇"的窗族类型，点击"打开"（图 3-7-10），返回"类型属性"对话框。

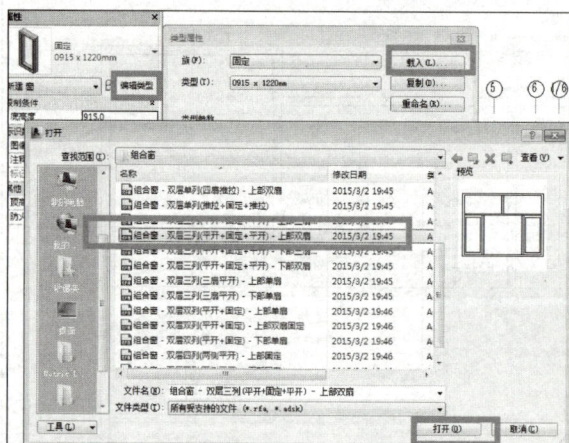

图 3-7-10

2. 单击"复制"按钮输入"组合窗双层三列-上部双窗"名称，完成后单击"确定"按钮返回"类型属性"对话框。

3. 将类型参数列表框中"尺寸标注"的"粗略宽度"改为 2400mm，"粗略高度"改

为 2500mm（图 3-7-11），将"类型标记"改为 C2425，"默认窗台高度"改为 500mm（图 3-7-12），单击"确定"切换至"修改 | 放置窗"上下文选项卡。注意激活"标记"面板中"在放置时进行标记"选项，选择标记的方向为"垂直"（图 3-7-13）。

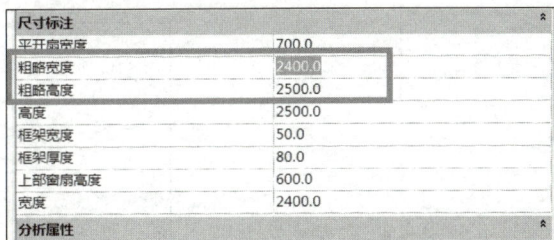

图 3-7-11

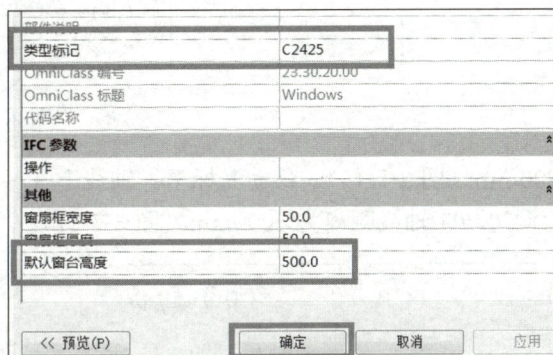

图 3-7-12

图 3-7-13

4. 移动光标至①轴线上Ⓔ～Ⓕ轴线间外墙处，点击鼠标左键放置窗图元，窗洞边与轴线距离为 300mm。移动光标至①轴线上①/Ⓕ～Ⓖ轴线间外墙处，点击鼠标左键放置窗，窗洞边与轴线距离也为 300mm（图 3-7-14）。放置窗后可以选择已经放置好的窗，单击 ⇆ 来改变窗的方向，⇆ 指向窗的外侧（图 3-7-15）。

5. 使用窗工具，载入"建筑"→"窗"→"普通窗"→"平开窗"→"单扇平开窗 2-带贴面"窗族类型。

6. 单击"复制"按钮输入"单扇平开窗"类型，完成后单击"确定"按钮返回"类型属性"对话框。

7. 单击类型参数列表框中"尺寸标注"，将"粗略宽度"改为 2600mm，"粗略高度"改为 2600mm，将"类型标记"改为 C2626，"默认窗台高度"改为 600mm。单击"确定"切换至"修改 | 放置窗"上下文选项卡。注意激活"标记"面板中"在放置时进行标记"选项，选择标记的方向为"水平"。

8. 移动光标至Ⓖ轴线上④～⑤轴线间外墙处，点击鼠标左键放置窗图元，窗洞边与轴线距离为 500mm。移动光标至Ⓗ轴线上⑥～⑦轴线间外墙处，点击鼠标左键放置窗，

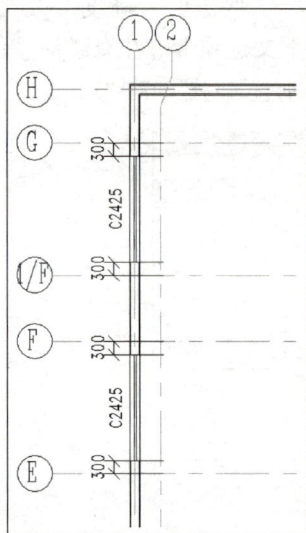

图 3-7-14

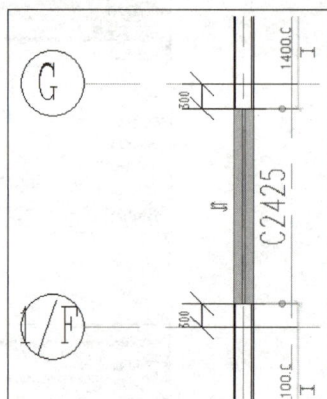

图 3-7-15

窗洞边与轴线距离为 800mm（图 3-7-16）。移动光标至©轴线上③～④轴线间外墙处，单击鼠标左键放置窗，窗洞边与④轴线距离为 1000mm（图 3-7-17）。

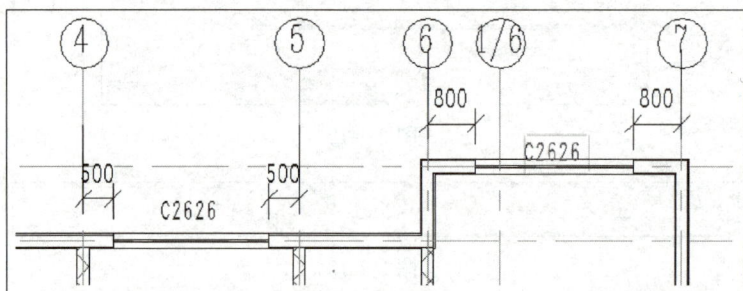

图 3-7-16

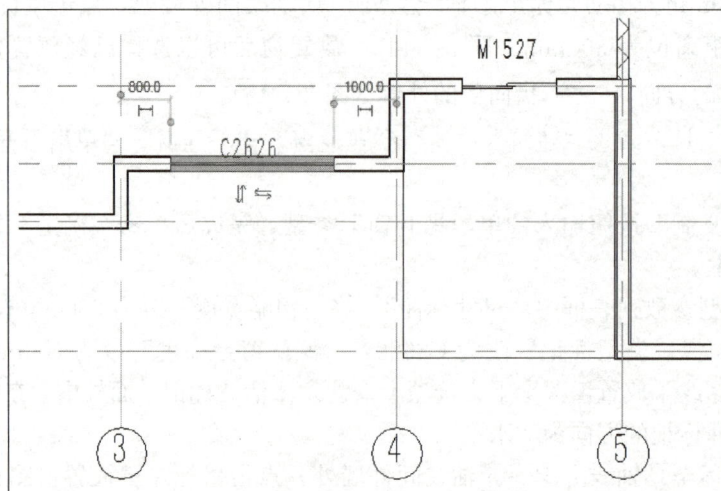

图 3-7-17

9. 使用窗工具，载入"建筑"→"窗"→"普通窗"→"固定窗"→"固定窗"窗族类型，软件弹出"指定类型"对话框，选择任意一个窗类型，单击"确定"按钮，返回"类型属性"对话框。单击"复制"按钮输入"固定窗"类型名称，完成后单击"确定"按钮返回"类型属性"对话框。

10. 单击类型参数列表框中"尺寸标注"，将"粗略宽度"改为1500mm，"粗略高度"改为1500mm，将"类型标记"改为C1515，"默认窗台高度"改为800mm。单击"确定"切换至"修改｜放置窗"上下文选项卡。注意激活"标记"面板中"在放置时进行标记"选项，选择标记的方向为"水平"。

11. 移动光标至Ⓖ轴线上③～④轴线间外墙处，点击鼠标左键放置窗，窗洞边与④轴线距离为1500mm。移动光标至Ⓖ轴线上⑤～⑥轴线间外墙处，点击鼠标左键放置窗，窗洞边与⑤轴线距离为355mm（图3-7-18）。

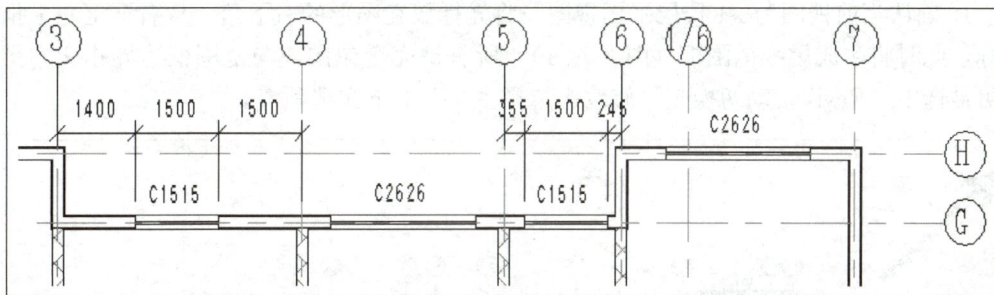

图3-7-18

12. 使用窗工具，载入"建筑"→"窗"→"普通窗"→"凸窗"→"凸窗-双层两列"窗族类型。在"类型属性"对话框中复制并修改窗的类型名称为"凸窗-双层两列"。

13. 单击类型参数列表框中"尺寸标注"，将"粗略宽度"改为4500mm，"粗略高度"改为3300mm，将"类型标记"改为C4533，其余尺寸（窗台外挑140mm，框架宽度50mm，框架厚度80mm，上部窗扇宽度600mm，窗台外挑宽度840mm，首层窗台高度600mm）与原设置一致，不需要修改。单击"确定"切换至"修改｜放置窗"上下文选项卡。注意激活"标记"面板中"在放置时进行标记"选项，选择标记的方向为"水平"。

14. 移动光标至Ⓗ轴线上①～③轴线间外墙处，在①轴线和③轴线尺寸中点处单击鼠标左键放置窗图元，注意窗的内外方向（图3-7-19）。移动光标至Ⓑ轴线上①～③轴线间外墙处，在①轴线和③轴线尺寸中点处单击鼠标左键放置窗图元（图3-7-20）。

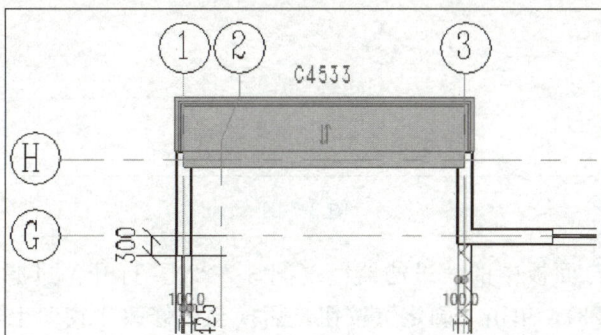

图3-7-19

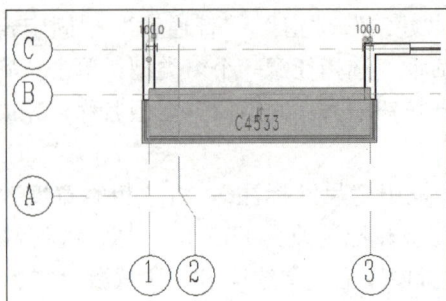

图 3-7-20

3.7.3 二层门和窗的创建

1. 确认当前视图为 F1 楼层平面视图。将光标放在图形的右下角，从右下至左上拖拽光标，此时将生成虚线范围框（图 3-7-21），所有被完全包围或与范围框边界相交的图元均可被选中，Revit 自动切换至"修改｜选择多个"上下文选项卡。

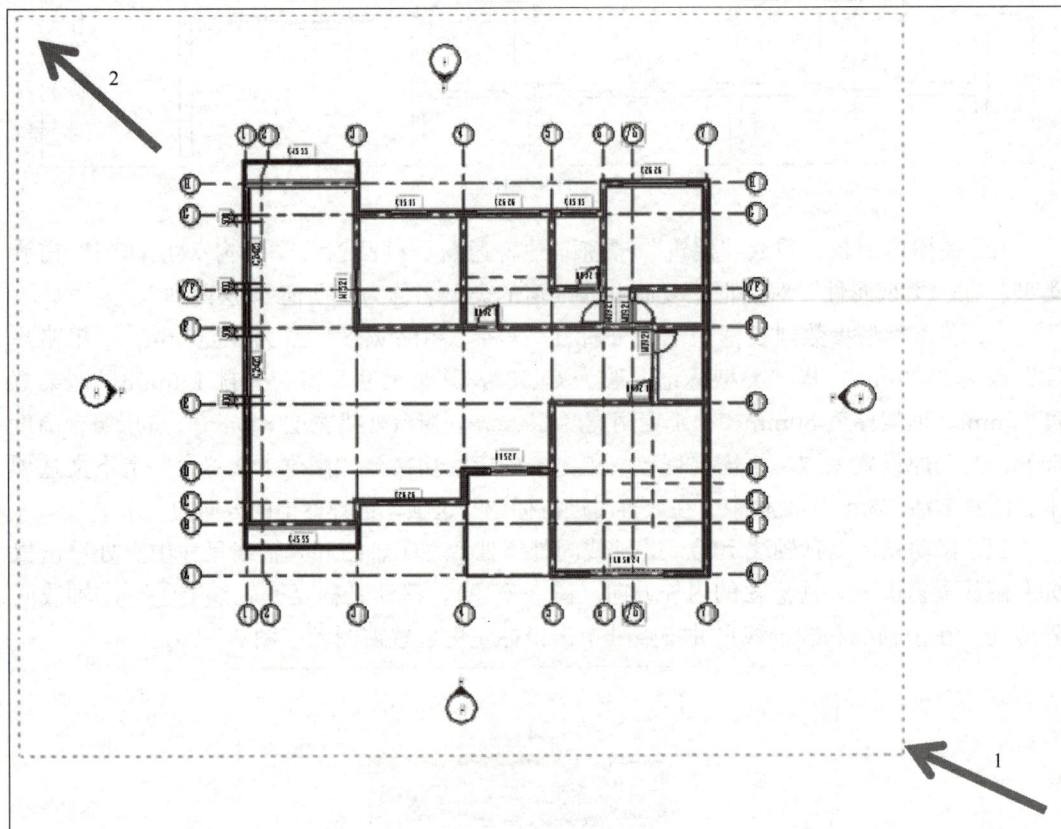

图 3-7-21

2. 单击"选择"面板中的"过滤器"（图 3-7-22），打开"过滤器"对话框，勾选"窗"类别（图 3-7-23），单击"确定"按钮，切换至"修改｜窗"上下文选项卡，Revit 将选中 F1 楼层的所有窗图元。

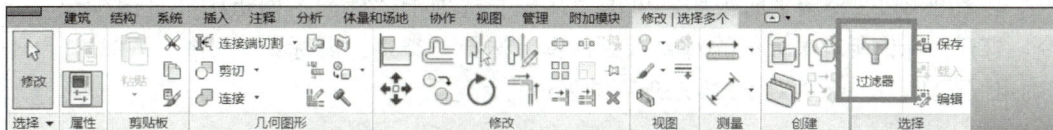

图 3-7-22

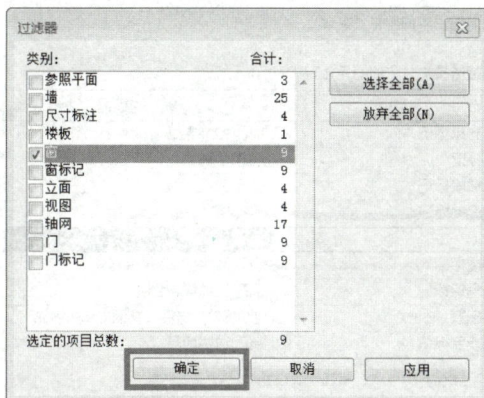

图 3-7-23

3. 单击"剪贴板"面板中的"复制"工具，将所选择图元复制到剪贴板（图 3-7-24）。单击"粘贴"下拉列表中"与选定的标高对齐"命令（图 3-7-25），在弹出的"选择标高"对话框中选择"F2"，单击"确定"按钮创建二层窗。

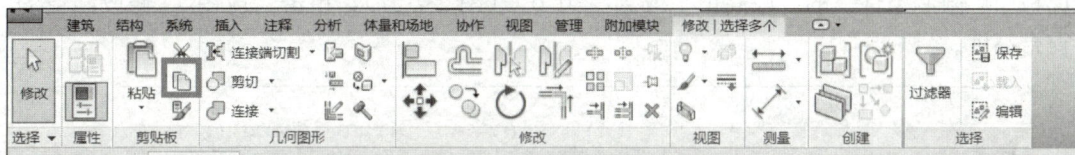

图 3-7-24

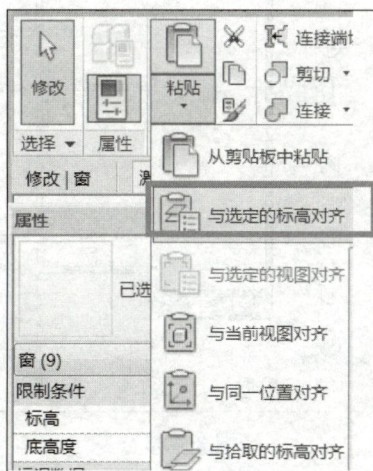

图 3-7-25

4. 切换到 F2 楼层平面视图。单击"注释"选项卡"标记"面板中"全部标记"命令，打开"标记所有未标记的对象"对话框，选择"类别：窗标记"（图 3-7-26），单击"确定"按钮，Revit 将对 F2 楼层现有的窗进行标记。

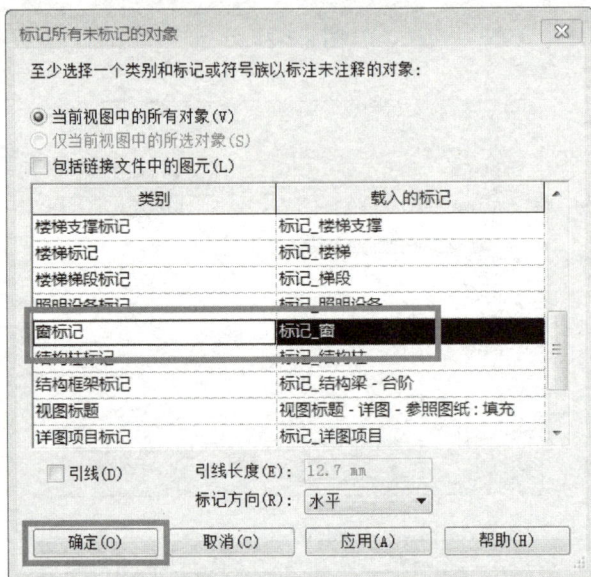

图 3-7-26

5. 按住"Ctrl"键，分别单击 F2 楼层平面中的两个标记为 C4533 的窗，将"属性"面板中"限制条件"的"底高度"改为"30.0"（图 3-7-27），单击"应用"，修改凸窗的窗台高度。

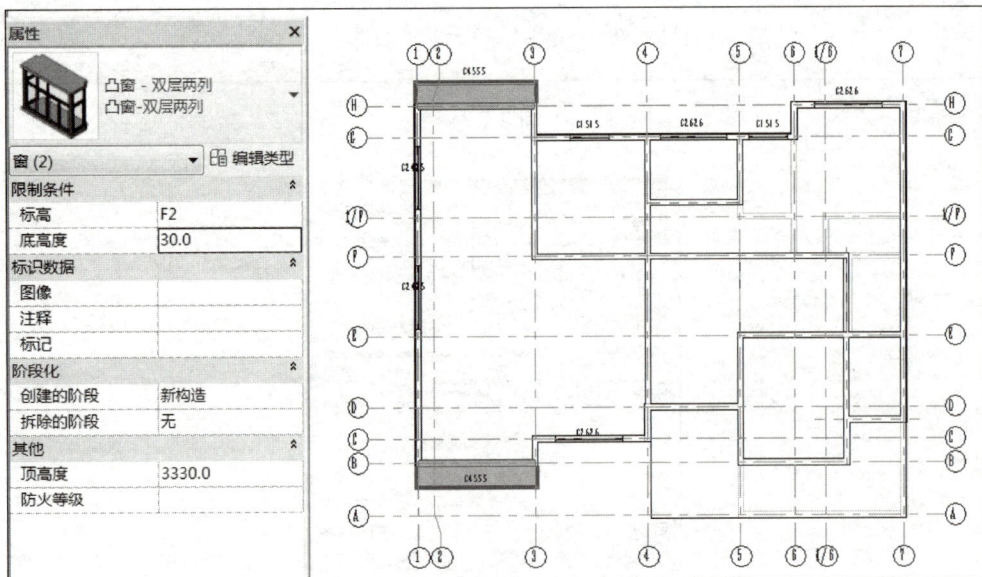

图 3-7-27

6. 单击"建筑"选项卡"构建"面板中"窗"工具，Revit 自动切换至"修改｜放置

窗"上下文选项卡，注意激活"标记"面板中"在放置时进行标记"选项。确认当前的族
类型为"凸窗-双层两列"，将"属性"面板中"限制条件"的"底高度"改为"30.0"。
移动光标至⑦轴线上Ⓗ～①Ⓗ轴线间外墙处单击放置窗 C4533，调整尺寸使窗边与墙边平齐
（图 3-7-28）。

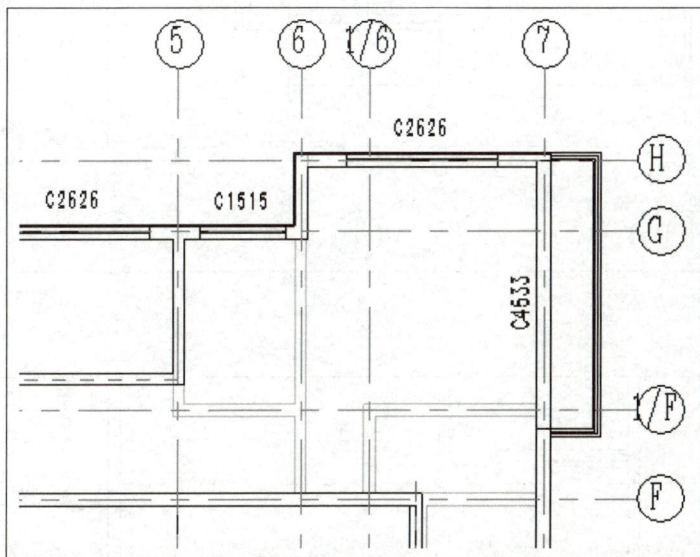

图 3-7-28

7. 使用窗工具，选择族类型为"固定窗"，移动光标至⑦轴线上Ⓔ～Ⓕ轴线间外墙处
单击放置窗 C1515，继续移动光标至⑦轴线
间外墙处单击鼠标左键放置窗 C1515，放置后将窗与墙的
尺寸进行调整以满足题设要求（图 3-7-29）。

8. 使用窗工具，选择族类型为"单扇平开窗"，移动光
标至Ⓓ轴线上④～⑤轴线间外墙处单击鼠标左键放置窗
C2626。继续移动光标至Ⓑ轴线上⑤～①Ⓕ轴线间外墙处单击
鼠标左键放置窗 C2626。放置后将窗与墙的尺寸进行调整
以满足题设要求（图 3-7-30）。

9. 单击"建筑"选项卡"构建"面板中"门"工具，
Revit 自动切换至"修改│放置门"上下文选项卡，注意激
活"标记"面板中"在放置时进行标记"选项。在"属性"
面板中，选择门类型为"单扇平开门"，移动光标至①Ⓕ轴线

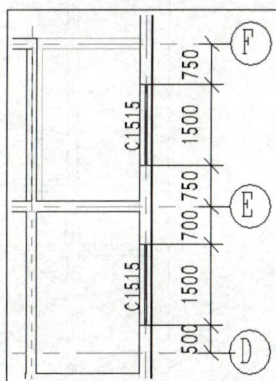

图 3-7-29

上④～⑤轴线间墙处单击放置门 M0921，调整尺寸使门边与⑤轴线的墙边平齐。移动光
标至Ⓕ轴线上④～⑤轴线间墙处单击鼠标左键放置门 M0921。移动光标至④轴线上Ⓔ～
Ⓕ轴线间墙处单击鼠标左键放置门 M0921。移动光标至⑤轴线上Ⓓ～Ⓔ轴线间墙处单
击鼠标左键放置窗 M0921。移动光标至①Ⓕ轴线上Ⓑ～Ⓒ轴线间墙处单击放置门 M0921。
继续移动光标至①Ⓕ轴线上Ⓓ～Ⓔ轴线间墙处单击鼠标左键放置门 M0921。放置后将门与
墙的尺寸进行调整以满足题设要求（图 3-7-31）。

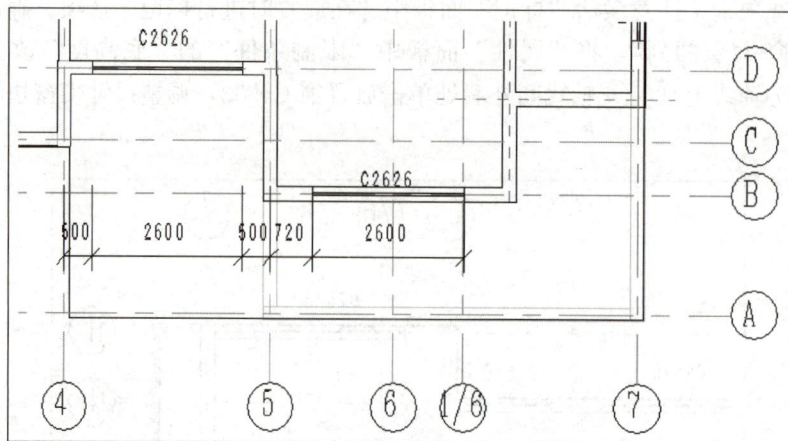

图 3-7-30

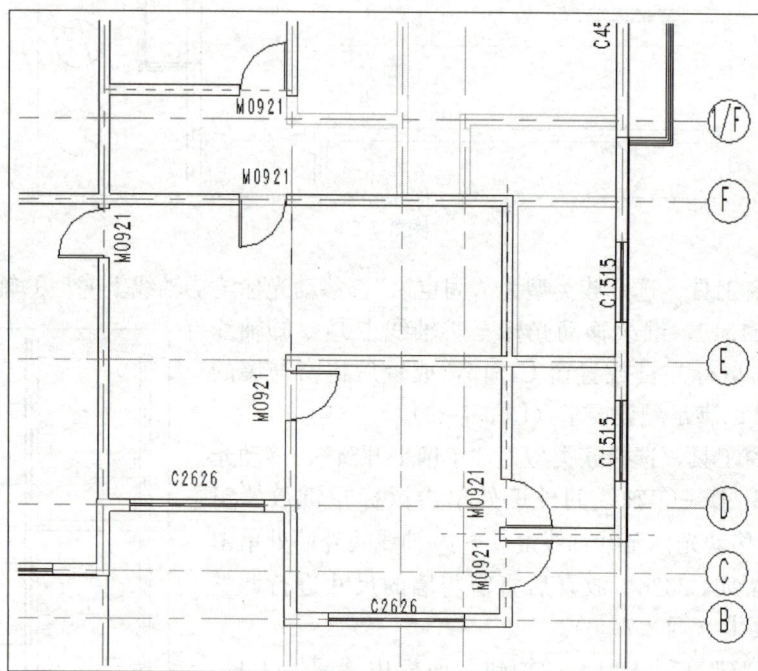

图 3-7-31

3.8 布置楼梯、栏杆扶手、坡道

3.8.1 楼梯的创建

1. 切换至 F1 楼层平面视图。适当缩放视图至Ⓔ～Ⓕ轴线间与⑤轴线上的楼梯间。单击"建筑"选项卡"楼梯坡道"面板中的"楼梯"按钮，并选择"楼梯（按草图）"（图 3-8-1）。

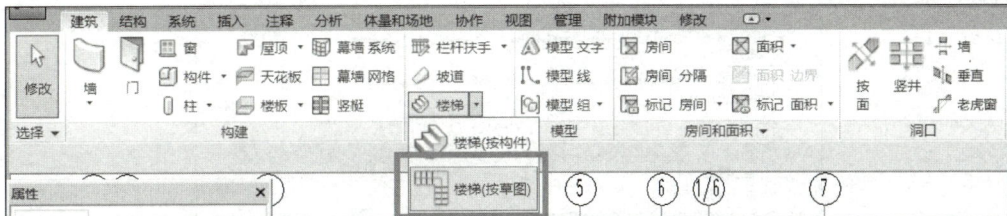

图 3-8-1

2. 在"属性"面板类型选择器中选择"整体浇筑楼梯"类型（图 3-8-2）。

3. 单击图元属性对话框中的"编辑类型"，弹出"类型属性"对话框，确认"族"列表中当前族为"系统族：楼梯"。设置楼梯类型参数，设置"计算规则"参数分组中的"最小踏板深度"为 280mm，"最大踢面高度"为 210mm，单击类型参数列表"材质和装饰"中"踏板材质"右侧的按钮，弹出"材质浏览器"对话框。在"材质浏览器"的搜索栏中输入"混凝土"，从搜索结果列表中选择"混凝土，现场浇筑-C30"，完成后单击"确定"按钮返回"类型属性"对话框。用相同方法分别修改类型参数列表中的"踏面材质"和"整体式材质"为"混凝土，现场浇筑-C30"（图 3-8-3）。

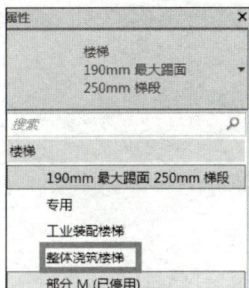

图 3-8-2

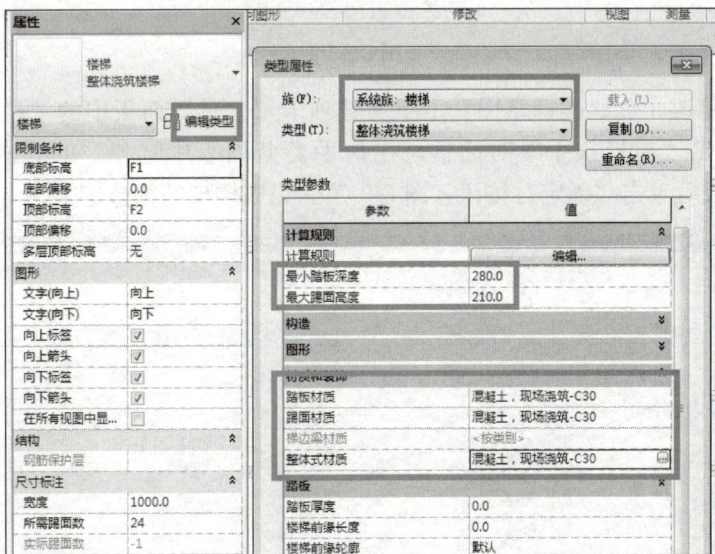

图 3-8-3

4. 继续设置楼梯类型参数。设置"踏板"参数分组中的"踏步厚度"为 50mm，勾选"开始于踢面"和"结束于踢面"（图 3-8-4），完成后单击"确定"退出"类型属性"对话框。

5. 在属性面板中确认"限制条件"中的"底部标高"为 F1，"顶部标高"为 F2，设置"尺寸标注"参数分组中的楼梯"宽度"为 1305mm，修改"所需踢面数"为 24，其他参数参照默认值（图 3-8-5）。

图 3-8-4

图 3-8-5

6. 单击"修改｜创建楼梯草图"上下文选项卡"工具"面板中的"栏杆扶手"按钮（图 3-8-6），弹出"栏杆扶手"对话框，在扶手类型列表中选择"900mm"，位置选择"梯边梁"，完成后单击"确定"按钮（图 3-8-7）。完成楼梯的构造定义。

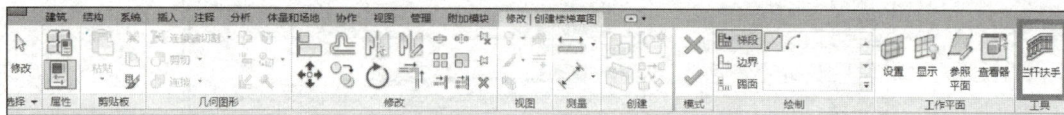

图 3-8-6

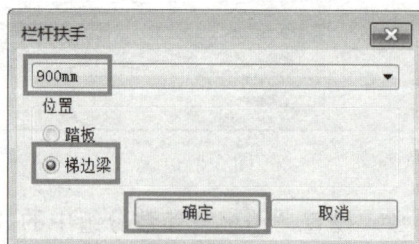

图 3-8-7

7. 单击"工作平面"面板中"参照平面"工具（图 3-8-8），在楼梯间水平方向位置绘制参照平面，使参照平面到Ⓕ轴线和Ⓔ轴线墙内侧的距离为 653mm（图 3-8-9）。

8. 在"绘制"面板中选择"梯段"绘制模式，并选择绘制方式为"直线"（图 3-8-10）。

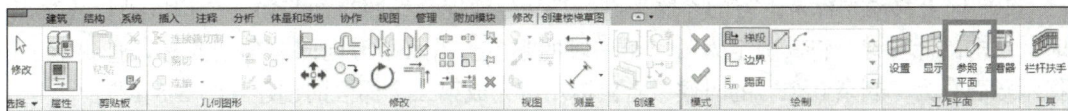

图 3-8-8

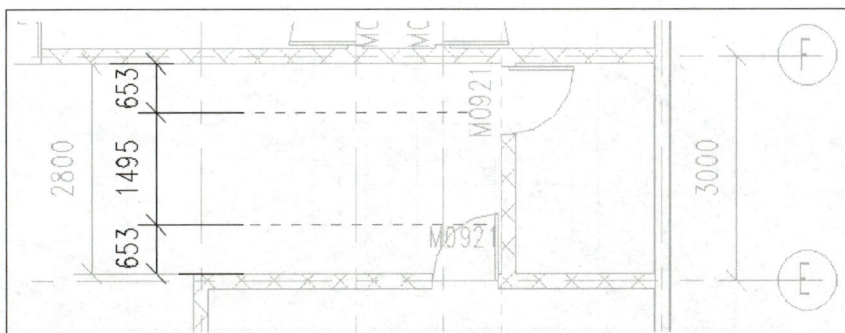

图 3-8-9

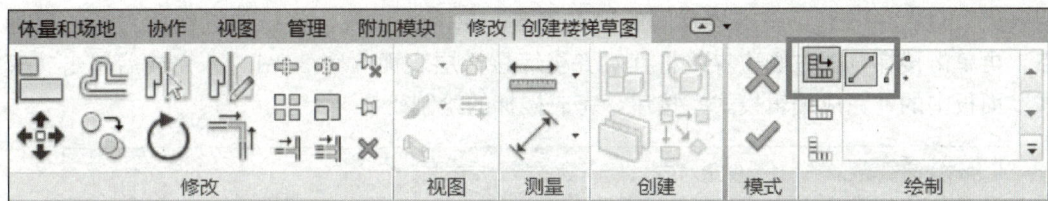

图 3-8-10

9. 移动光标至楼梯间内下方的参照平面处，在与⑤轴线交点处捕捉起点后单击鼠标左键，将其确定为楼梯起点，沿水平方向向右移动光标，Revit 会自动显示已创建的踢面数及剩余的踢面数。当创建的踢面数为 12 时，单击鼠标左键完成第一个梯段（图 3-8-11）。

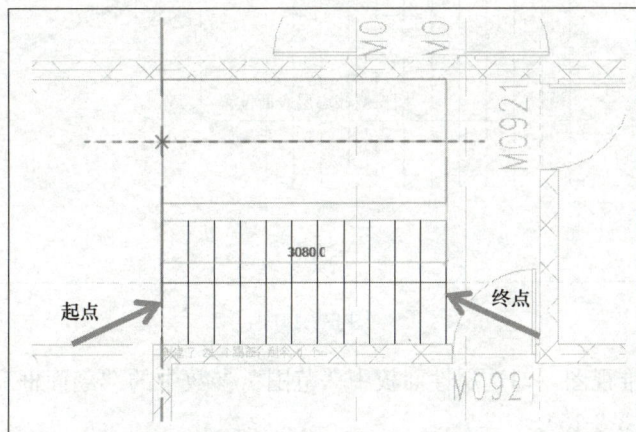

图 3-8-11

10. 向上移动光标至上方的参照平面，当光标捕捉至参照平面与第一个梯段延长线交点时，单击鼠标左键，将其确定为第二个梯段的起点。沿水平方向向左移动光标，直到 Revit 提示踢面数为"剩余 0 个"的时候单击鼠标左键完成第二个梯段的创建（图 3-8-12）。

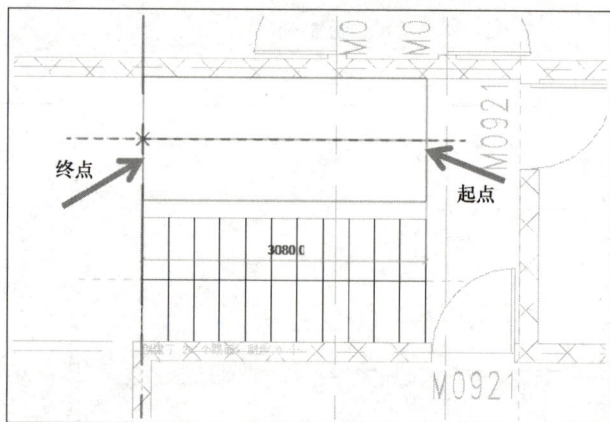

图 3-8-12

11. 选择楼梯边界线，使用"对齐"工具，设置选项栏的"首选"方式为"参照核心层表面"（图 3-8-13），单击楼梯间的墙左侧核心层表面位置，将该位置作为对齐的目标点，再单击楼梯草图右侧边界线将其对齐至墙核心层表面（图 3-8-14）。完成后单击"模式"面板中的"完成编辑模式"按钮，完成楼梯的绘制。

图 3-8-13

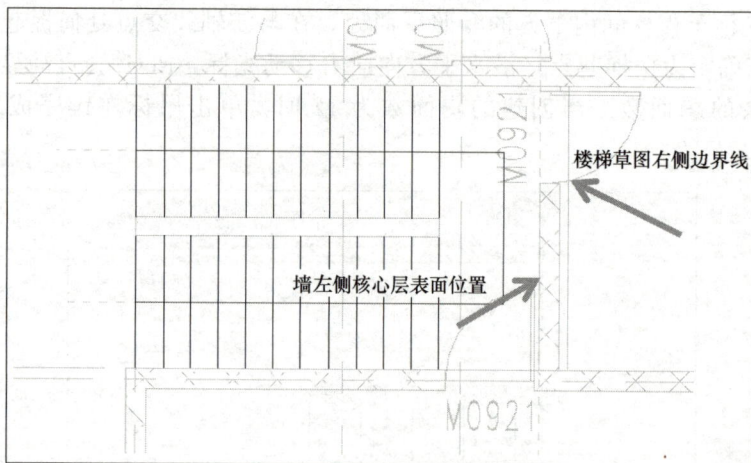

图 3-8-14

12. 切换到三维视图，勾选属性面板中"范围"参数中的"剖面框"选项，勾选后即可打开剖面框（图 3-8-15）。

13. 将光标移动到剖面框处，点选剖面框，将显示六个方向的控制柄↕，拖拽前后方

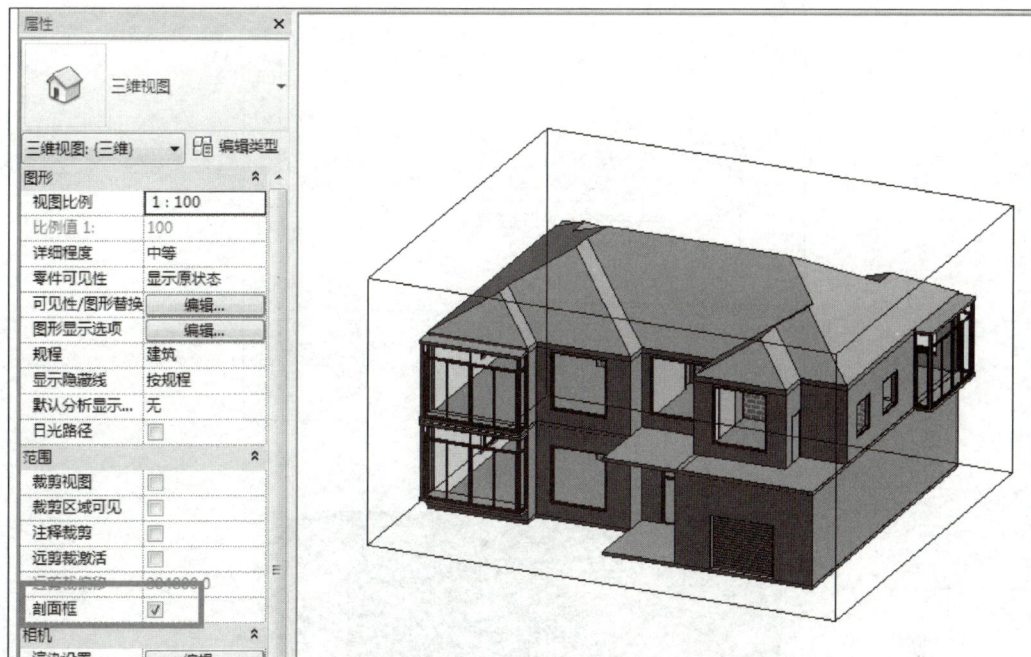

图 3-8-15

向的控制柄，将剖切面移动到可以剖切到楼梯的位置，选中靠墙一侧的楼梯栏杆，按
"Delete"键将所选择的栏杆图元删除（图 3-8-16）。

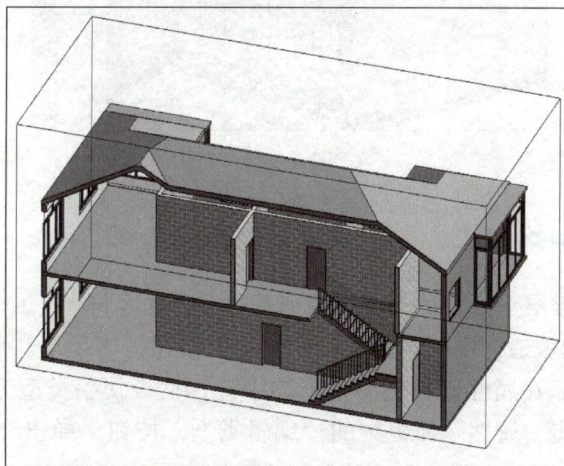

图 3-8-16

14. 切换至 F2 标高楼层平面，单击楼梯井处栏杆扶手，Revit 自动切换至"修改｜栏
杆扶手"上下文选项卡，单击"模式"面板中的"编辑路径"按钮，选择"绘制"面板中
的"直线"绘制模式，勾选选项栏中的"链"选项，用光标捕捉至扶手已有路径左侧端
点，单击鼠标左键，将其作为路径起点，先水平往左绘制 60mm 路径，再沿垂直方向向
下绘制直线至楼梯间内墙表面（图 3-8-17）。完成后单击"完成编辑模式"按钮，完成扶
手编辑。完成后的楼梯栏杆如图 3-8-18 所示。

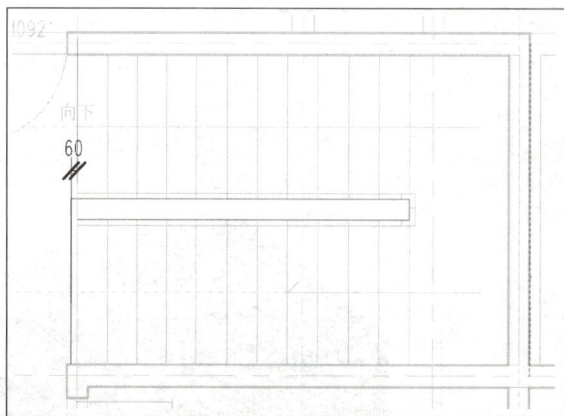

图 3-8-17

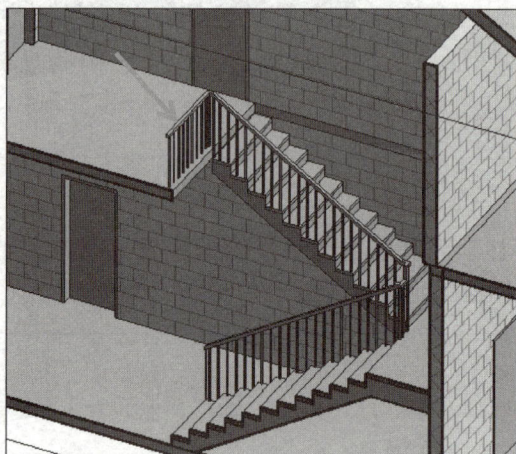

图 3-8-18

3.8.2　露台栏杆的创建

1. 保持 F2 标高楼层平面，适当缩放视图至④～⑦轴线与Ⓐ～Ⓓ轴线的露台处。单击"建筑"选项卡"楼梯坡道"面板中的"栏杆扶手"按钮，切换至"修改｜创建栏杆扶手路径"上下文选项卡。在属性面板类型选择器中选择栏杆扶手类型为"玻璃嵌板-底部填充"（图 3-8-19）。点击"属性"面板中的"编辑类型"按钮，弹出"类型属性"对话框，确认"顶部扶栏"的高度为 900mm（图 3-8-20）。

2. 选择"绘制"面板中的"直线"绘制模式，设置选项栏中的"偏移量"为"80.0"，不勾选"半径"选项（图 3-8-21）。

3. 移动光标捕捉④轴线与Ⓒ轴线交点附近的露台板边与墙的交点处单击鼠标左键，然后沿着露台板边向下移动光标，在露台转角处单击鼠标左键向右移动光标，在⑦轴线与Ⓐ轴线交点附近的露台转角处单击鼠标左键，再向上移动光标，在与墙相交处单击鼠标左键。然后单击"修改｜创建栏杆扶手路径"上下文选项卡"模式"面板中"完成编辑模式"按钮，完成露台栏杆的绘制（图 3-8-22）。

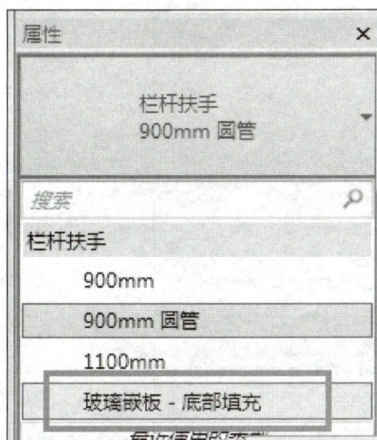

图 3-8-19

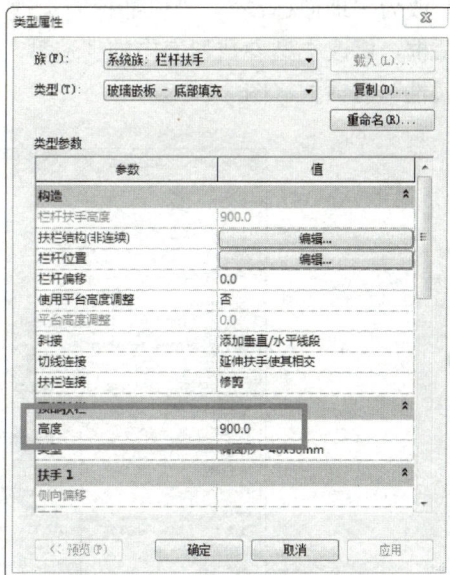

图 3-8-20

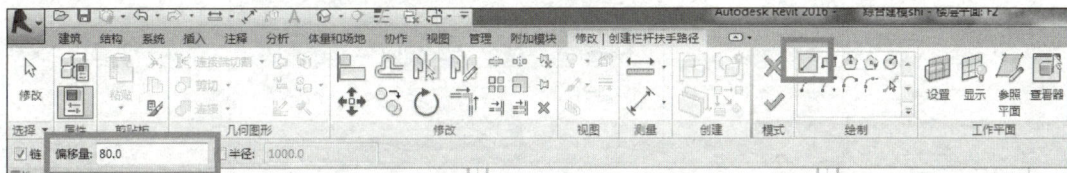

图 3-8-21

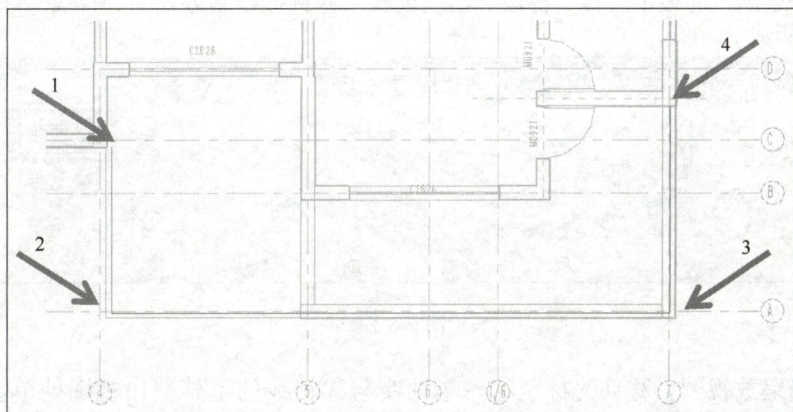

图 3-8-22

3.8.3　坡道的创建

1. 切换至 F1 标高楼层平面，单击"建筑"选项卡"楼梯坡道"面板中的"坡道"按钮，切换至"修改│创建坡道草图"上下文选项卡，将属性面板实例属性中的"底部标

65

高"改为"地面标高"，"顶部标高"改为"F1"，点击"编辑类型"，弹出"类型属性"对话框，修改类型参数列表中的"造型"为"实体"，完成后单击"确定"按钮退出"类型属性"对话框（图 3-8-23）。

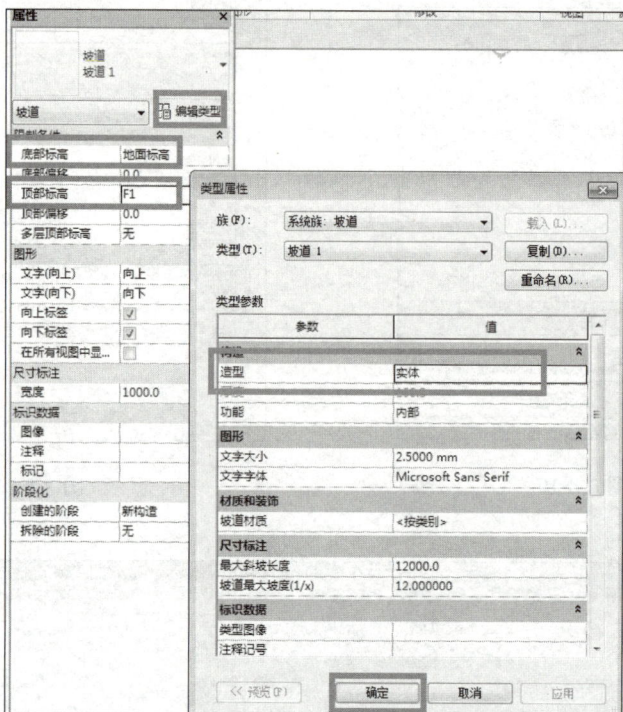

图 3-8-23

2. 在"绘制"面板中选择"梯段"绘制模式，并选择绘制方式为"直线"（图 3-8-24）。

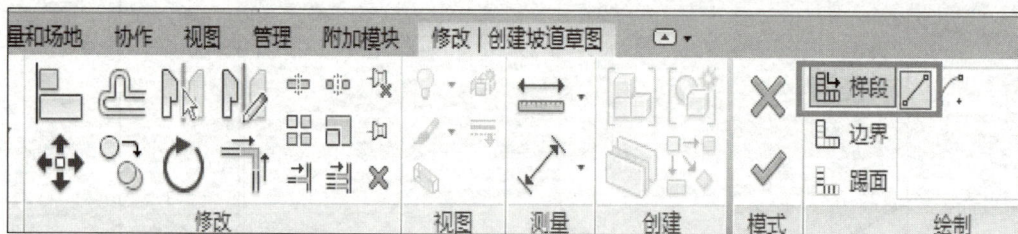

图 3-8-24

3. 适当缩放视图，移动光标至⑤～⑦轴线与Ⓐ轴线的室外空白视图处单击左键，沿垂直方向向上移动光标，单击左键生成坡道草图（图 3-8-25）。按两次"Esc"键退出编辑模式。

4. 拖拽坡道草图的模型线，使踢面线与Ⓐ轴线墙的外边线重合，边界线分别与⑤轴线和⑦轴线重合，点击坡道的下边线，修改坡道的尺寸标注长度为 2100mm（图 3-8-26），单击"模式"面板中的"完成编辑模式"按钮。选择坡道两侧的栏杆，按"Delete"键将所选择的栏杆删除。

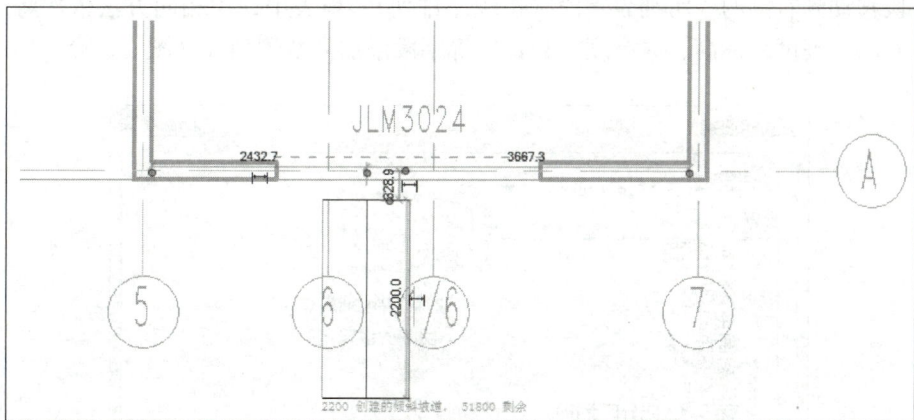

图 3-8-25

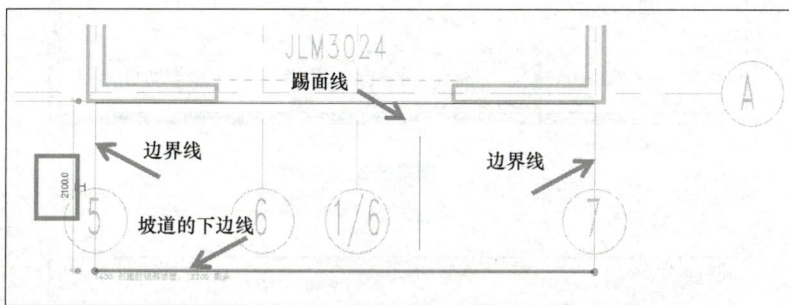

图 3-8-26

3.9　建立门窗明细表

1. 单击"视图"选项卡"创建"面板中的"明细表"下拉列表，选择列表中的"明细表/数量"工具（图 3-9-1）。

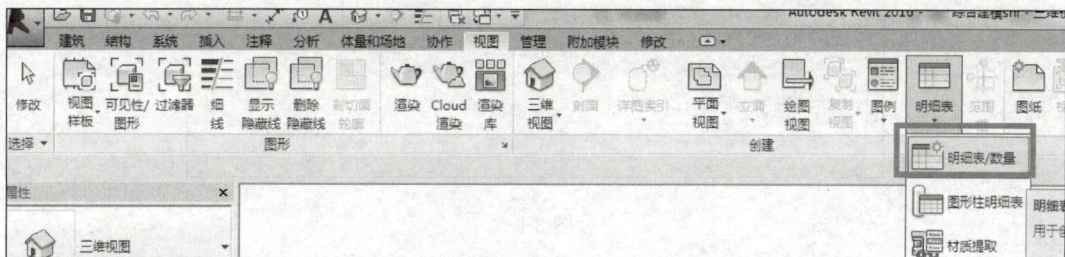

图 3-9-1

2. 弹出"新建明细表"对话框，在对话框中选择明细表类别为"门"并为明细表命名为"门明细表"，完成后单击"确定"按钮（图 3-9-2），返回"明细表属性"对话框。在"明细表属性"对话框的"可用的字段"列表上，选择"类型"字段并用"添加"控件将该字段移动到右侧的"明细表字段（按顺序排列）"列表中，用相同方法依次将"类型标记、宽度、高度、标高、底高度、合计"等字段添加到右侧列表（图 3-9-3）。

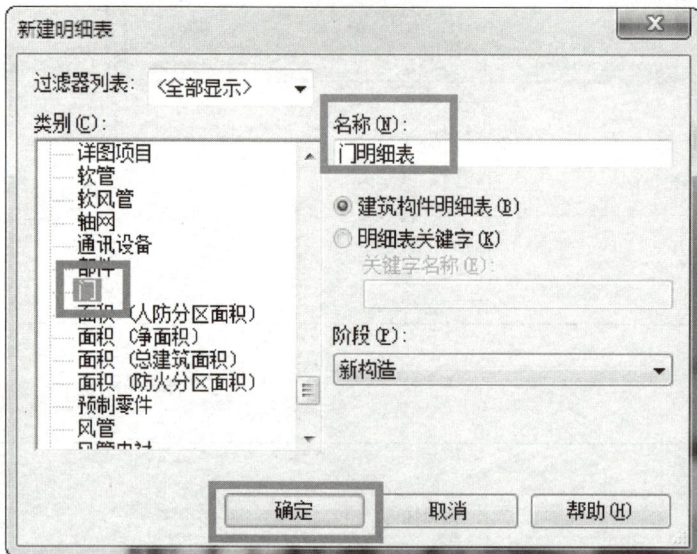

图 3-9-2

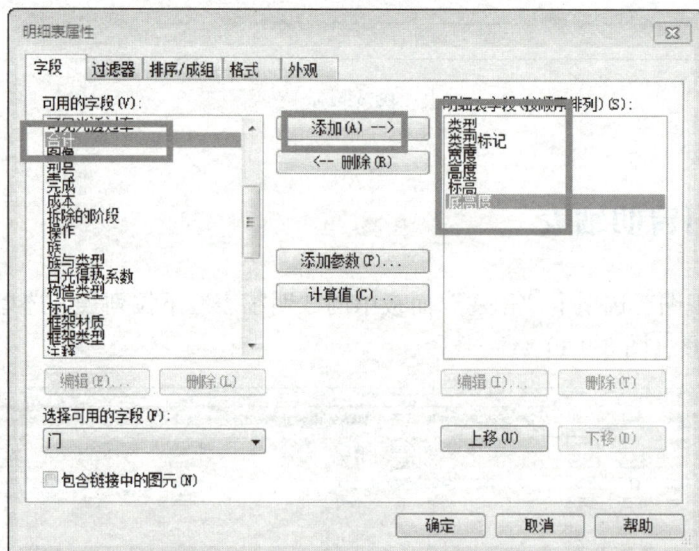

图 3-9-3

3. 单击"明细表属性"对话框的"排序/成组"选项卡，选择"排序方式"为"类型"，选择"否则按"为"标高"，完成后单击"确定"按钮（图 3-9-4），Revit 将生成"门明细表"。

4. 重复上述操作，制作"窗明细表"（图 3-9-5）。

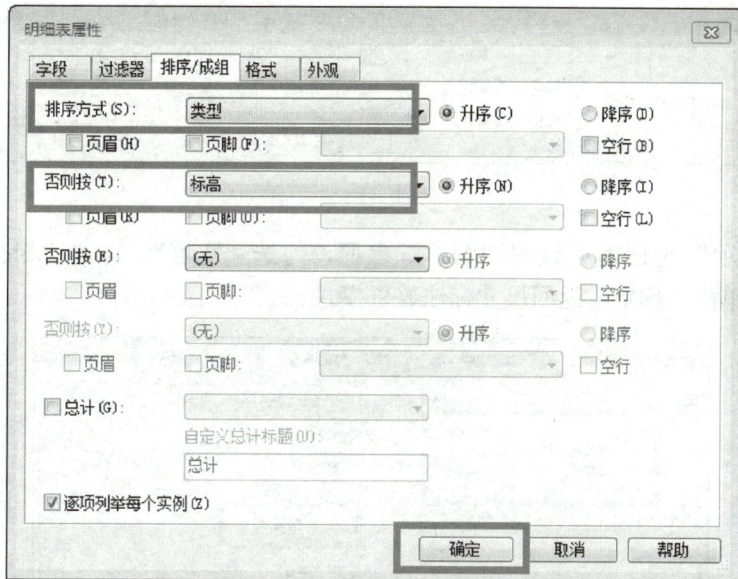

图 3-9-4

图 3-9-5

3.10　添加尺寸、创建门窗标记、高程注释

3.10.1　添加尺寸

1. 切换至 F1 楼层平面视图。单击"注释"选项卡"尺寸标注"面板中的"对齐"工具（图 3-10-1），Revit 进入放置尺寸标注模式。

2. 在"属性"面板类型选择器中，选择当前标注类型为"对角线-3mm RomanD"。选择选项栏"参照墙中心线"，"整个墙"作为拾取设置，并点击"选项"，在弹出的"自

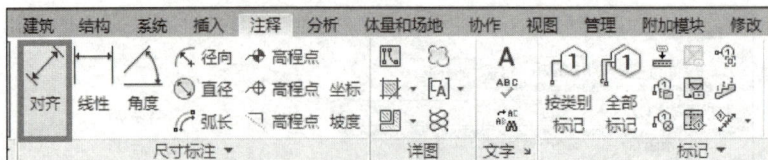

图 3-10-1

动尺寸标注选项"对话框中设置"洞口"参照，勾选"宽度"，勾选"相交轴网"选项（图 3-10-2），单击"确定"返回尺寸标注放置模式。

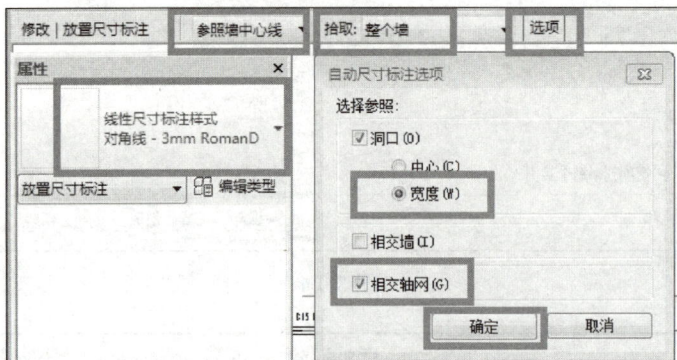

图 3-10-2

3. 移动光标分别用鼠标左键单击Ⓗ轴线和Ⓖ轴线的外墙任意一点，向上移动鼠标至适当位置点击空白处，即完成门窗洞口的尺寸标注。再次移动光标至①轴线任意一点，单击鼠标左键作为尺寸标注的起点，向右移动鼠标至⑦轴线上任一点并单击鼠标左键，在门窗尺寸线上方单击放置生成总尺寸线（图 3-10-3）。

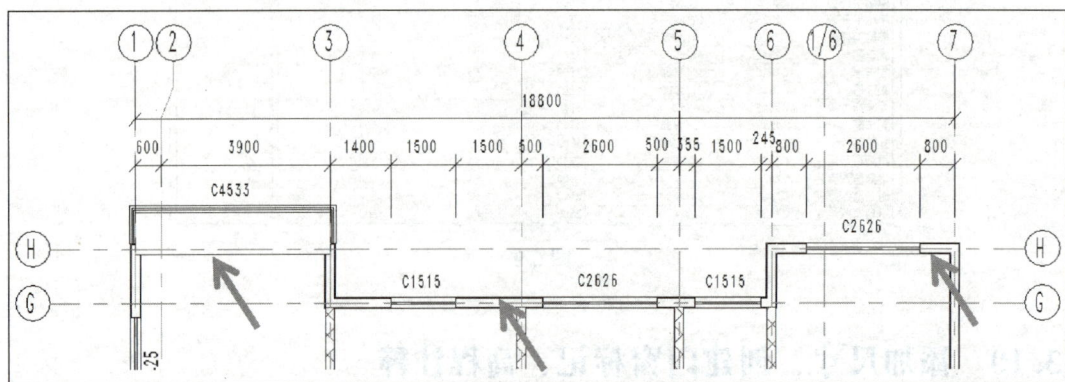

图 3-10-3

4. 重复上述操作，按题设要求完成其他墙体的尺寸标注。

3.10.2　创建门窗标记

切换至 F1 楼层平面视图。单击任意窗的标记，Revit 自动切换至"修改/窗标记"上下文选项卡。单击此选项卡"模式"面板中的"编辑族"按钮，打开族编辑器，选中图形

↑†，进入"修改│标签"上下文选项卡，在"属性"面板类型选择器中打开"类型属性"对话框，修改文字大小为3mm，完成后单击"确定"按钮退出"类型属性"对话框（图3-10-4）。单击"族编辑器"面板中的"载入到项目并关闭"按钮，在弹出保存文件的对话框中选"否"，完成窗标记修改（图3-10-5）。

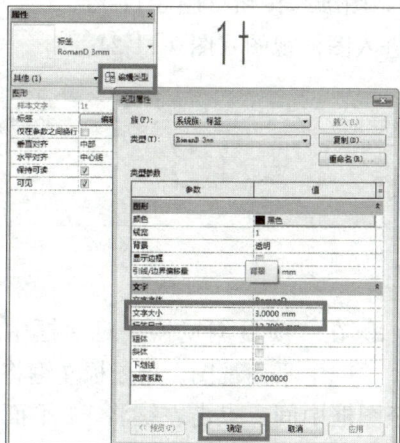

图 3-10-4

图 3-10-5

3.10.3　高程注释

1. 切换至南立面图，单击"注释"选项卡"尺寸标注"面板中"高程点"按钮。Revit自动切换至"修改│放置尺寸标注"上下文选项卡。

2. 在选项栏中不勾选"引线"。将光标移动到绘图区，选择屋顶线，出现屋顶高程注释，双击鼠标左键，完成屋顶高程注释。继续用光标分别选择一层和二层的凸窗和C2626窗的窗台、二层露台栏杆的扶手以及台阶顶部，双击鼠标左键，完成南立面图的高程注释（图3-10-6）。

图 3-10-6

3. 同理完成北立面图、西立面图和东立面图的标高标记。

3.11 创建图纸

1. 单击"视图"选项卡"图纸组合"面板中的"图纸"按钮（图 3-11-1）。在"新建图纸"对话框中，选择"A2 公制"，单击"确定"进入图框视图（图 3-11-2）。

图 3-11-1

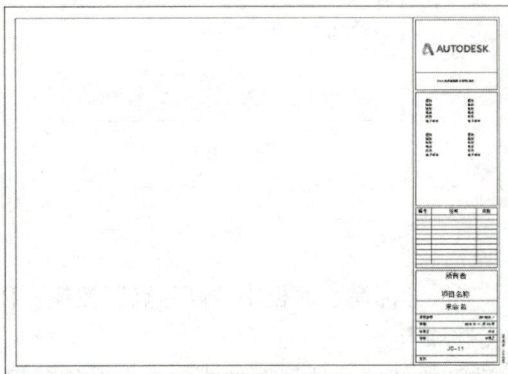

图 3-11-2

2. 在"项目浏览器"对话框中单击选择"F1"平面视图，用鼠标左键将其拖拽至图框中间，点击左键将 F1 平面图置于图框中。将鼠标定位至图纸名称"F1"，鼠标光标变成 时用左键拖拽图纸名称至图纸下方（图 3-11-3）。

3. 在"属性"面板类型选择器中，将视图名称"F1"修改为"一层平面布置图"，单击"应用"（图 3-11-4）。选择弹出对话框中的"是"，完成图名的修改（图 3-11-5）。

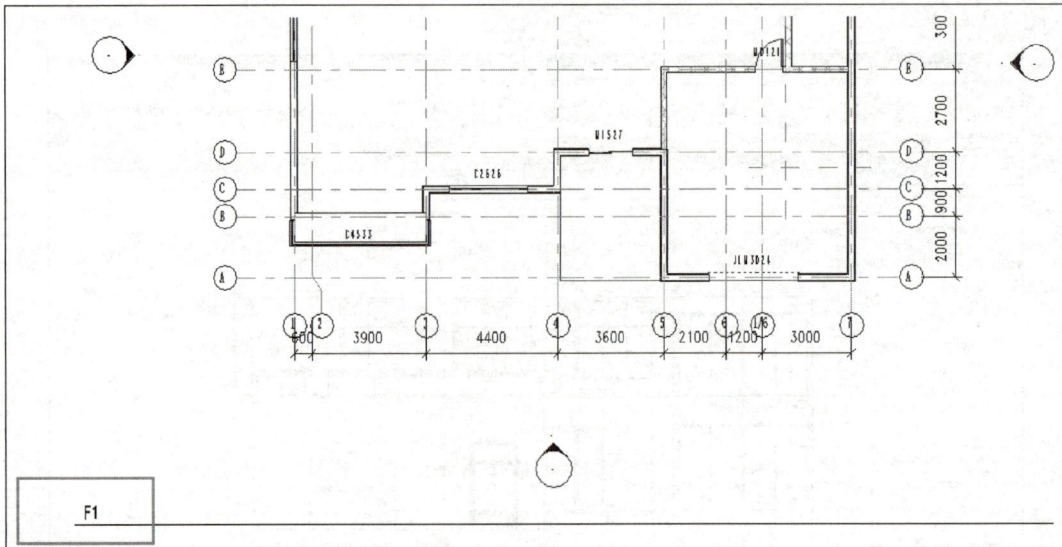

图 3-11-3

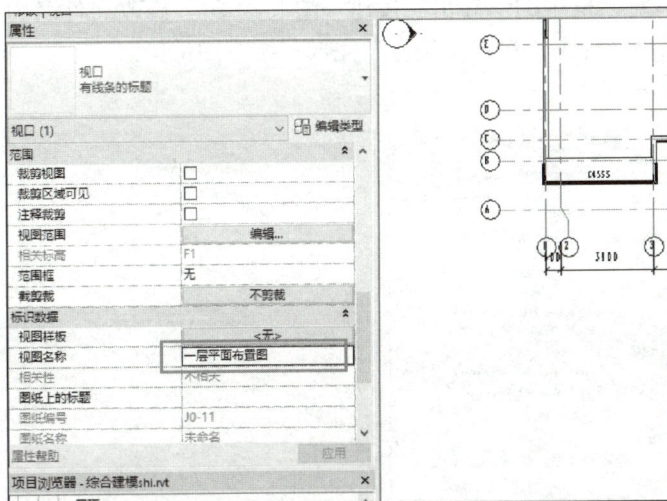

图 3-11-4

图 3-11-5

4. 使用上述方法，创建"南立面布置图"。

3.12　模型渲染

1. 切换至三维视图，单击"视图"选项卡"图形"面板中"渲染"按钮，弹出"渲染"对话框。在对话框中，将质量设置为"中"，照明方案设置为"室外：日光和人造光"，背景样式设置为"天空：少云"，并点击"渲染"按钮（图 3-12-1）。

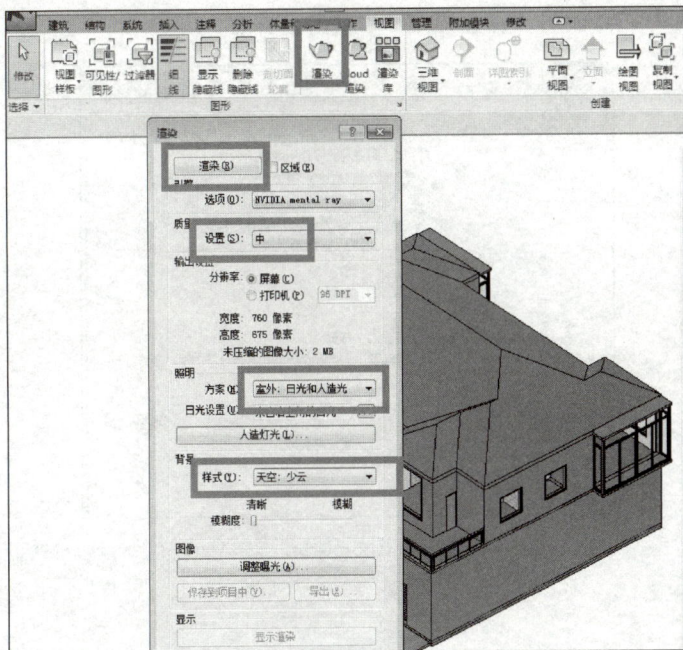

图 3-12-1

2. 待渲染完成，点击"渲染"对话框中的"导出"按钮（图 3-12-2），修改文件名为"样板房渲染＋考生姓名"，选择保存文件夹，单击"保存"完成三维视图渲染。

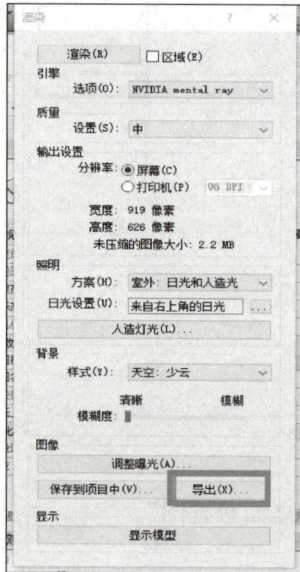

图 3-12-2

3.13　命名和保存文件

点击界面左上角应用程序菜单，选择"另存为→项目"（图 3-13-1），选择"考生文件夹"，文件名修改为"样板房＋考生姓名"，点击"保存"。

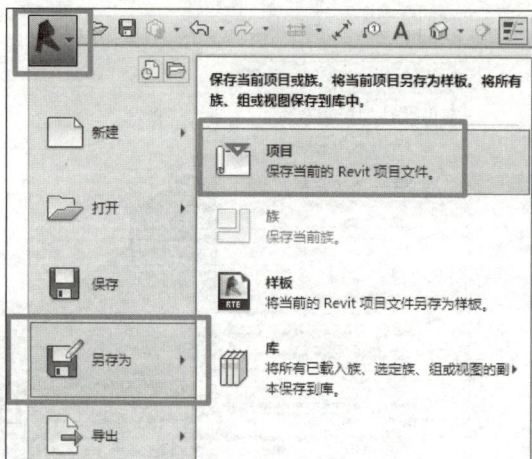

图 3-13-1

实操试题4　机电综合建模

【试题】

参照图纸（图 4-0-1、图 4-0-2）创建建筑及机电模型。模型以"机电模型＋考生姓名"为文件名保存在考生文件夹（40 分）。

1. 根据图纸创建建筑模型，建筑每层高 4.0m，位于首层，建筑模型包括轴网、墙体、门、窗等相关构件，其中未注明的墙厚均为 240mm，窗距地面 900mm，要求尺寸和位置准确（7 分）。

2. 根据图纸创建照明模型，要求布置照明灯具、开关和配电箱，灯具高度为 3.0m，开关高度 1.5m，配电箱高度 1.5m。按照图纸对照明灯具、开关及配电箱进行导线连接，并创建配电盘明细表（8 分）。

3. 创建视图名称为"首层通风平面图"图纸，并建立相应的风系统模型，风管中心对齐，风管中心标高 3.4m，风口类型可自行确定（6 分）。

4. 创建视图名称为"首层卫生间详图"图纸，要求布置坐便器、小便斗、洗手盆、拖布池、地漏和隔板，洁具型号自定义，位置摆放合理，将洁具和管道进行连接，管道尺寸及高程按图纸要求（14 分）。

5. 根据"首层照明平面图"和"首层通风平面图"图纸内容标注尺寸，创建名称为"首层照明平面图"和"首层通风平面图"2 张图纸，要求 A2 图框，且标注图名（5 分）。

机电综合建模

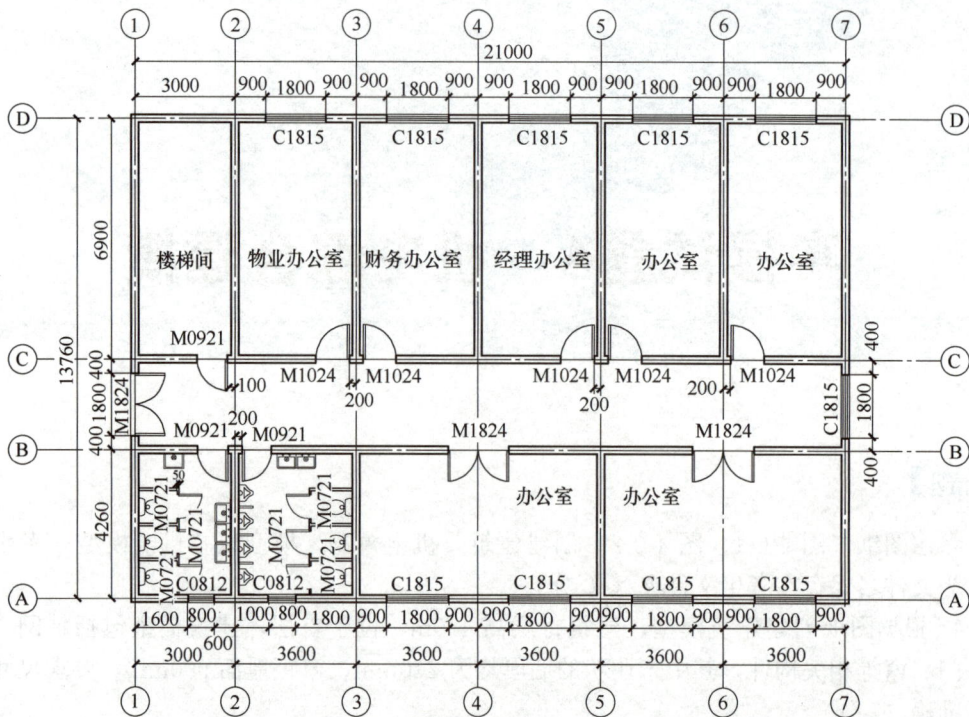

首层建筑平面图 1:100
(a)

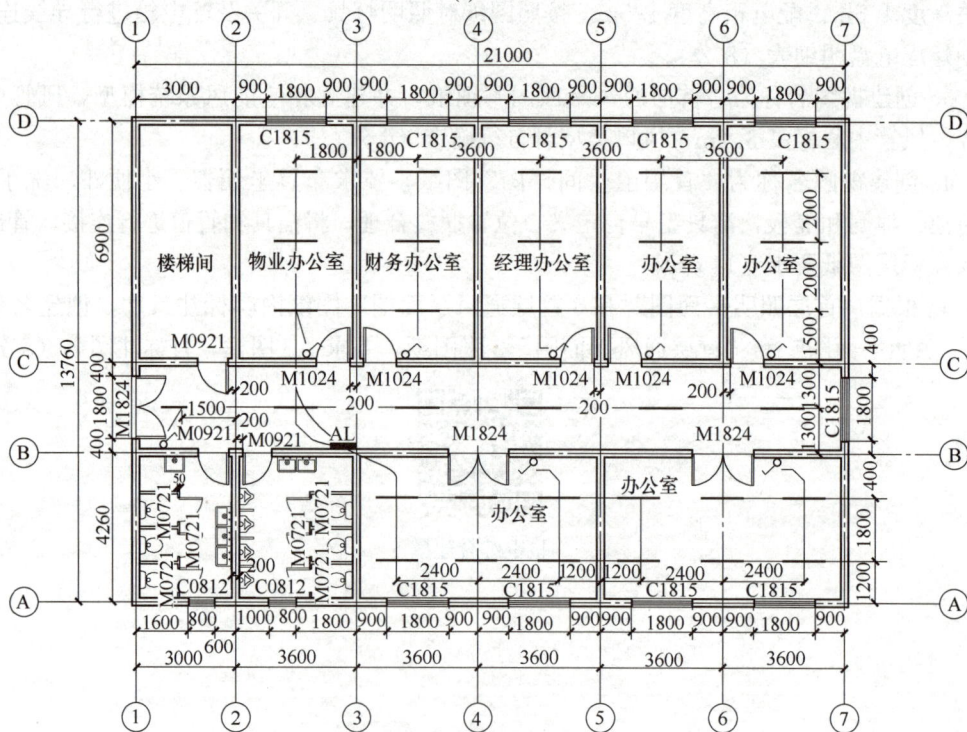

首层电气平面图 1:100
(b)

图 4-0-1

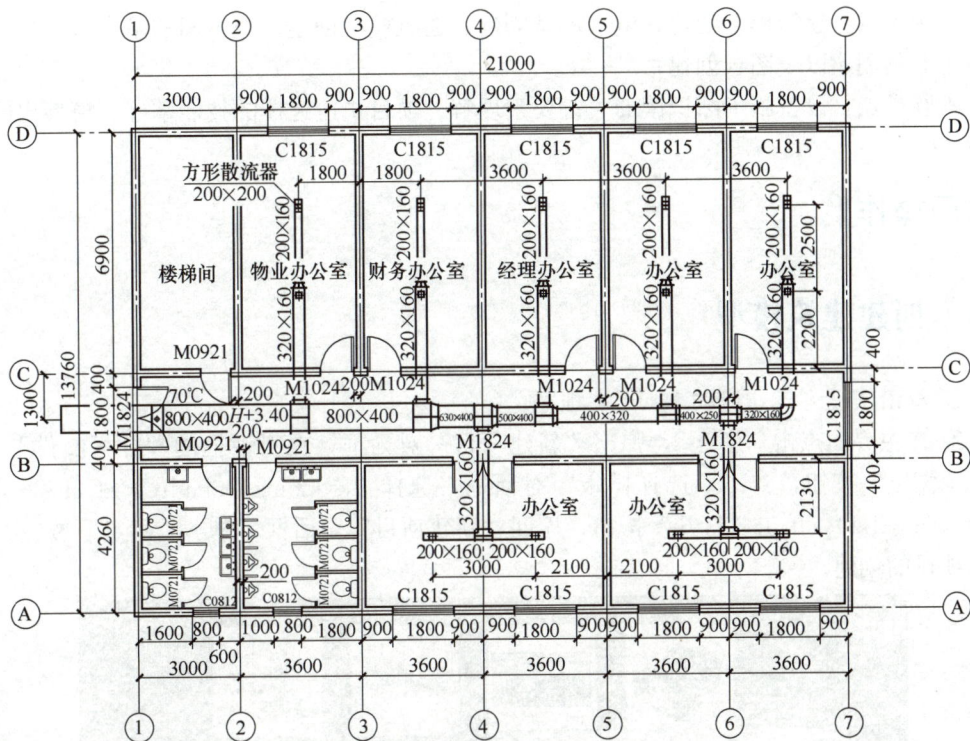

首层通风平面图 1:100

(a)

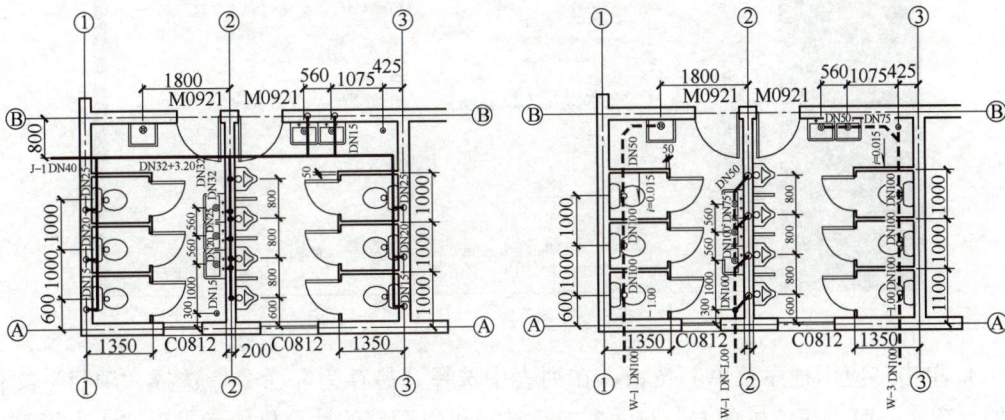

卫生间给水详图 1:50

卫生间排水详图 1:50

(b)

图 4-0-2

【试题解析】

本题考点：建筑模型创建、电气模型创建、通风模型创建、卫生间的给水管、排水管和卫生器具创建以及图纸创建；

本题难点：设备施工图识读的关键要素理解、项目快速建模的技能掌握、模型出图的方法。

【作图操作】

4.1 创建建筑模型

1. 双击快捷方式，启动 Revit 主程序。

2. 在主界面点击"新建"，弹出"新建项目"对话框，在对话框的"样板文件"下，单击"浏览"按钮，弹出"选择样板"对话框，选择"Systems-DefaultCHSCHS"系统样板（图 4-1-1），单击"打开"按钮，返回"新建项目"对话框，单击"确定"按钮，完成新项目的创建。

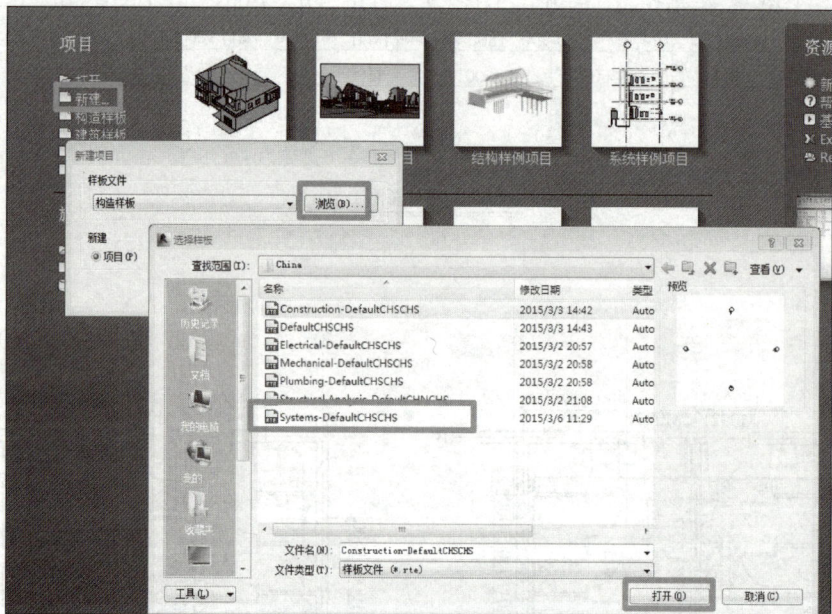

图 4-1-1

3. 单击"应用程序菜单"按钮，在列表中选择"另存为"命令，选择"项目"文件类型（图 4-1-2），在"另存为"对话框中，选择可以存储的计算机硬盘，以"机电模型＋考生姓名"为文件名保存在考生文件夹中。

4. 在项目浏览器中展开"卫浴"视图类别，双击"东-卫浴"视图名称，切换到东立面。复核"标高 2"的标高值为"4.000"（图 4-1-3）。

5. 切换至"1-卫浴"楼层平面视图，将"属性"面板中"规程"属性设置为"建筑"（图 4-1-4）。

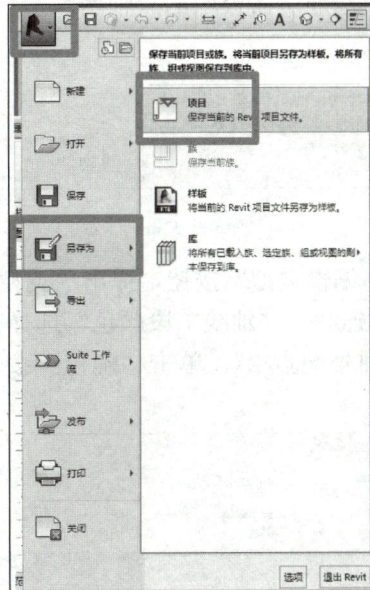

图 4-1-2

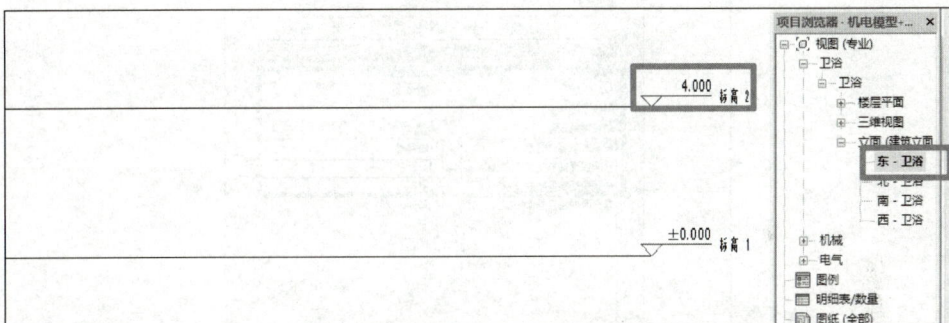

图 4-1-3

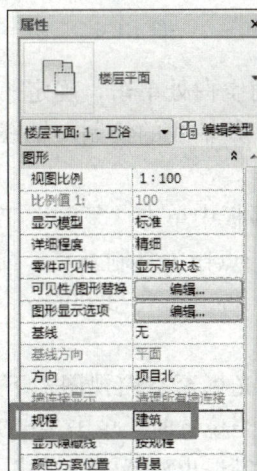

图 4-1-4

6. 单击"建筑"选项卡"基准"面板中的"轴网"工具（图 4-1-5），进入轴网放置状态。

图 4-1-5

7. 单击"属性"面板中"编辑类型"按钮，弹出"类型属性"对话框。在"轴线中段"参数值下拉列表中选择"连续"，"轴线末段颜色"选择"红色"，并勾选"平面视图轴号端点 1"和"平面视图轴号端点 2"，单击"确定"按钮退出"类型属性"对话框（图 4-1-6）。

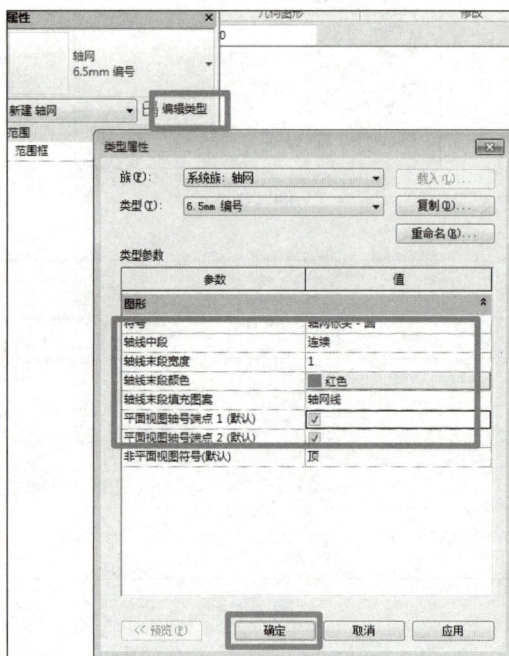

图 4-1-6

8. 移动光标至空白视图左上角空白处单击，确定第一条垂直轴线起点，沿垂直方向向下移动光标，单击左键完成第一条轴线的绘制，轴线编号为"①"。按两次"Esc"键退出放置轴网模式。

9. 单击选择①轴线，在修改面板中单击"复制"工具，确认勾选选项栏"约束"和"多个"选项。单击①轴线上任意一点作为复制基点，向右移动鼠标，依次输入复制间距为 3000mm、3600mm、3600mm、3600mm、3600mm、3600mm，依次修改轴线编号为②、③、④、⑤、⑥、⑦。

10. 单击"轴网"工具，移动光标至空白视图左下角空白处单击，确定水平轴线起点，沿水平方向向右移动光标至适当位置时，单击左键完成第一条水平轴线的绘制，修改轴线编号为"Ⓐ"，按两次"Esc"键退出放置轴网模式。

11. 单击选择Ⓐ轴线，在修改面板中单击"复制"工具，拾取Ⓐ轴线上任意一点作为复制基点，垂直向上移动鼠标，依次输入复制间距为 4260mm、2600mm、6900mm，依次修改轴线编号为Ⓑ、Ⓒ、Ⓓ（图 4-1-7）。

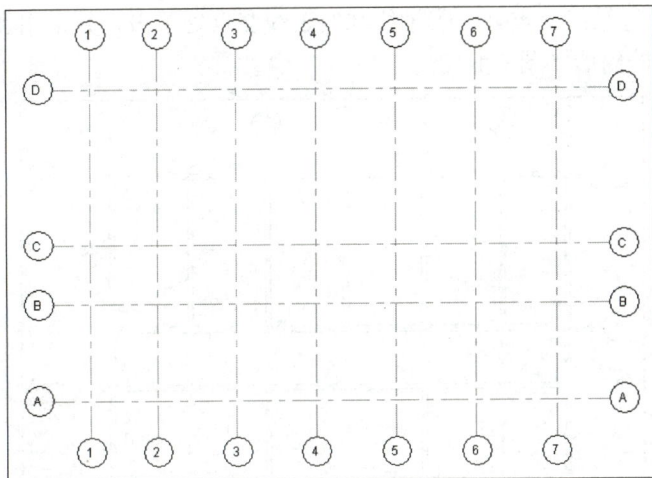

图 4-1-7

12. 单击"建筑"选项卡"构建"面板"墙"工具下拉菜单，在列表中选择"墙：建筑"工具，进入墙绘制状态。单击"属性"面板"编辑类型"按钮，打开"类型属性"对话框，单击"复制"按钮，输入"240mm"名称，完成后单击"确定"按钮返回"属性类型"对话框。单击类型参数列表框中"结构"参数后的"编辑"按钮，弹出"编辑部件"对话框。将"编辑部件"对话框中的"结构［1］"的"厚度"值改为"240.0"（图 4-1-8）。单击"确定"按钮，返回"类型属性"对话框。再次单击"确定"按钮，完成墙的定义。

13. 确认"修改 | 放置墙"上下文选项卡"绘制"面板中墙的绘制方式为"直线"。设置选项栏中墙生成方式为"高度"，确定高度的标高为"标高 2"，设置墙的绘制定位线为"墙中心线"，确认勾选"链"选项，偏移量为"0.0"（图 4-1-9）。

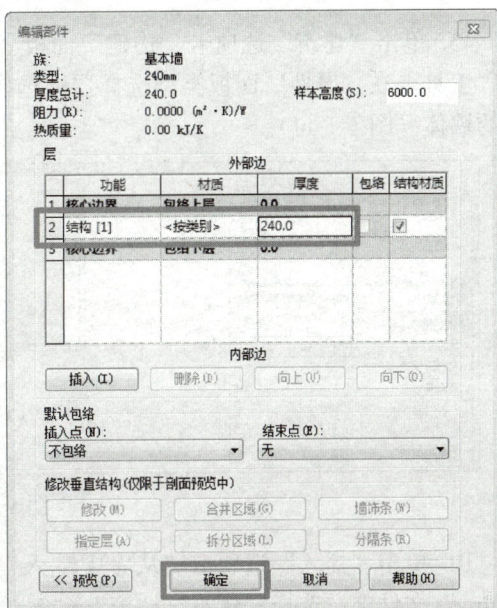

图 4-1-8

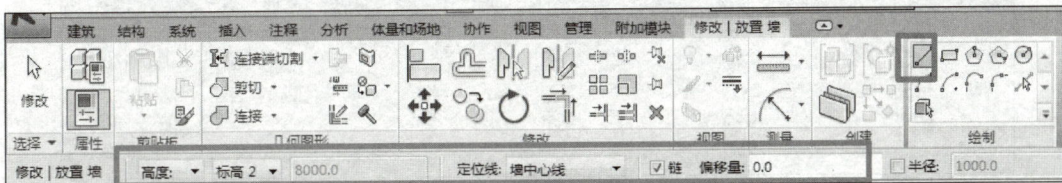

图 4-1-9

14. 移动光标至①轴线和①轴线交点处，当捕捉到轴线交点时单击作为墙绘制起点，沿水平方向移动光标至⑦轴线和①轴线交点处单击，继续依次移动光标至⑦轴线和Ⓐ轴线交点处、①轴线和Ⓐ轴线交点处、①轴线和①轴线交点处单击，并采用类似的方式创建其他厚度为 240mm 的内墙（图 4-1-10）。

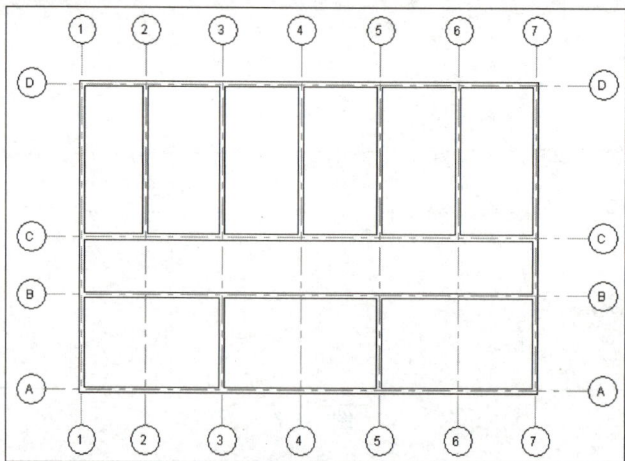

图 4-1-10

15. 单击"建筑"选项卡"构建"面板"墙"工具下拉菜单，在列表中选择"墙：建筑"工具，在"属性"面板类型选择器中选择"基本墙 常规-200mm"墙类型，绘制②轴线的墙体（图 4-1-11）。

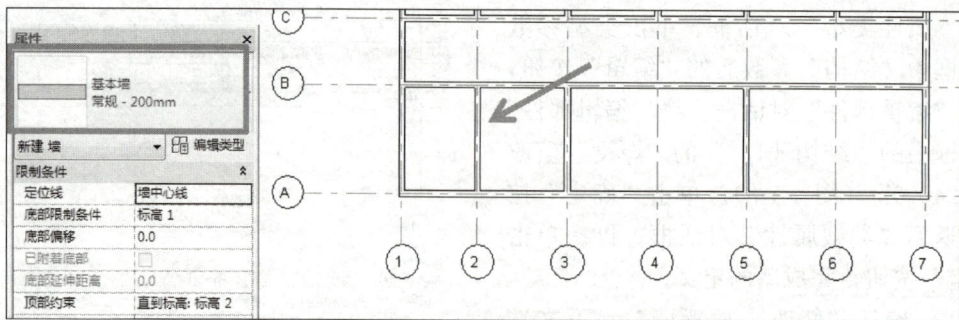

图 4-1-11

16. 单击"插入"选项卡"从库中载入"面板中"载入族"命令（图 4-1-12），进入"china"文件夹，选择"建筑"→"窗"→"普通窗"→"推拉窗"→"推拉窗 6"的窗族类型，点击"打开"（图 4-1-13）。

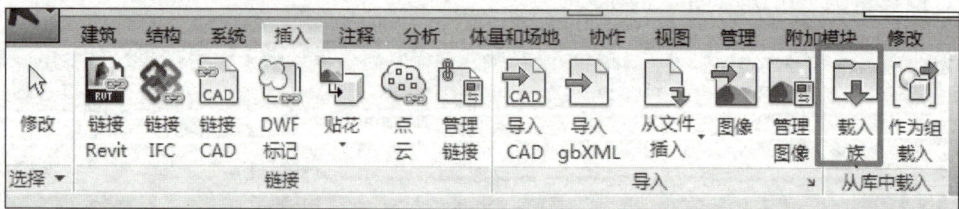

图 4-1-12

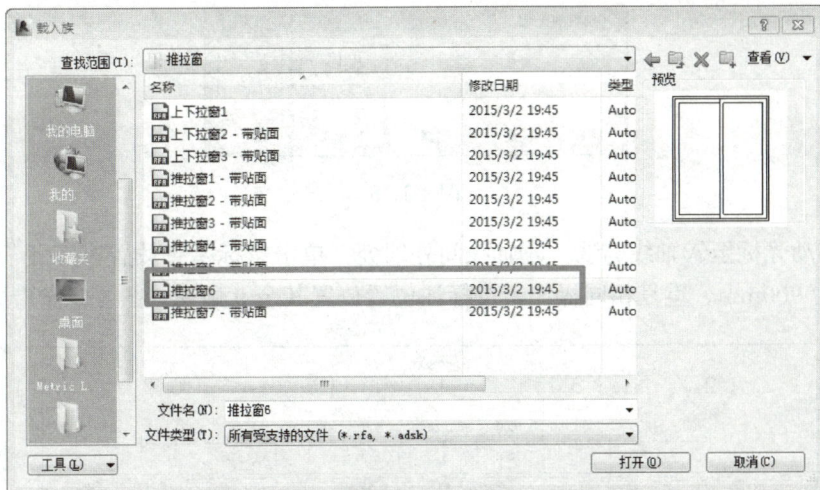

图 4-1-13

17.单击"建筑"选项卡"构建"面板中"窗"命令，切换至"修改｜放置窗"上下文选项卡。单击"属性"面板"编辑类型"按钮，打开"类型属性"对话框，单击"复制"按钮输入"C1815"名称，单击类型参数列表框中"尺寸标注"，将"宽度"改为1800mm，"高度"改为1500mm，将"类型标记"改为C1815，"默认窗台高度"改为900mm（图 4-1-14）。单击"确定"返回至"修改｜放置窗"上下文选项卡。注意激活"标记"面板中"在放置时进行标记"选项（图 4-1-15）。

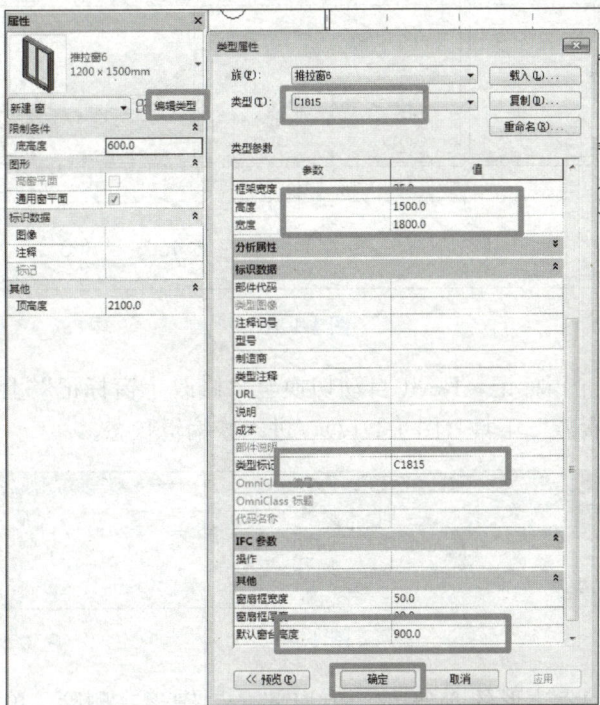

图 4-1-14

图 4-1-15

18. 移动光标至Ⓓ轴线与③～④轴线间外墙处，单击鼠标左键放置窗图元，窗洞边与轴线距离为 900mm。重复相同操作，按标注位置放置其余 9 扇窗（图 4-1-16）。

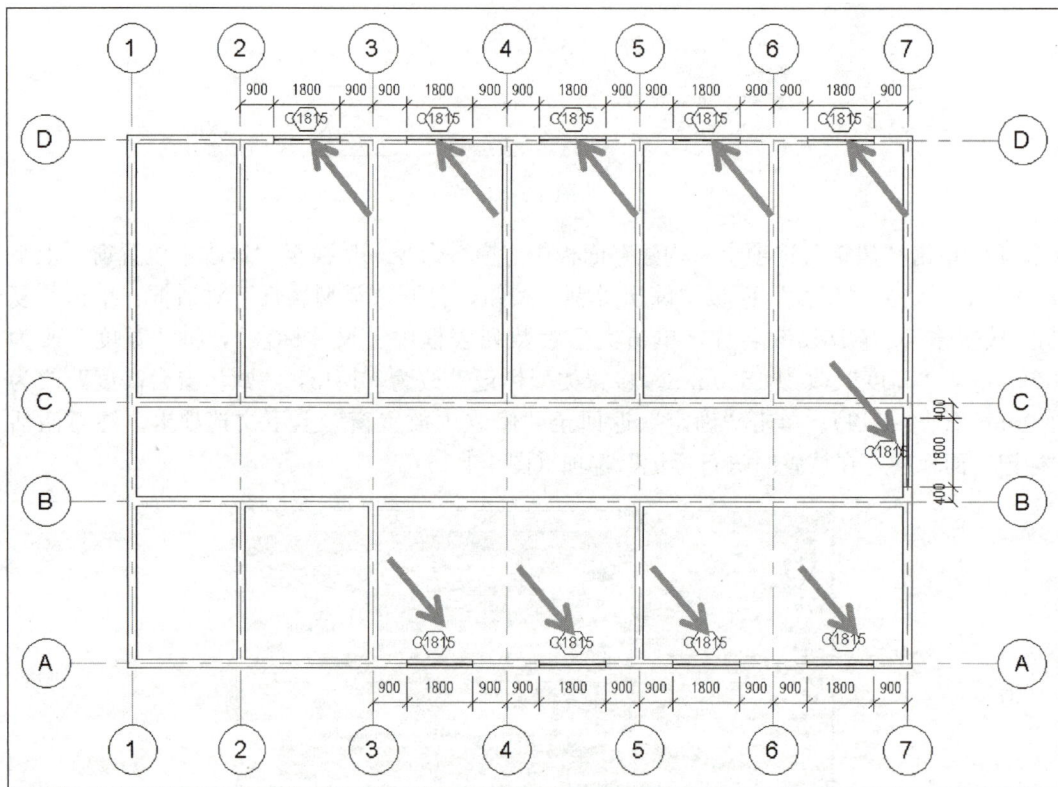

图 4-1-16

19. 选择任意一个窗标记，Revit 自动切换至"修改｜窗标记"上下文选项卡，单击"模式"面板中"编辑族"工具（图 4-1-17），进入族编辑状态。

图 4-1-17

20. 选中图形⟨1t⟩六边形的六条边，用"Delete"键逐一删除。单击"修改"选项卡"族编辑器"面板中"载入到项目"命令（图 4-1-18），由于窗标记族在项目中已存在，

Revit 将给出"族已存在"对话框，选择"覆盖现有版本"（图 4-1-19），窗标记将进行更新（图 4-1-20）。

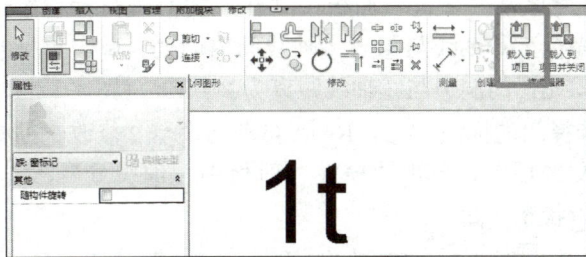

图 4-1-18

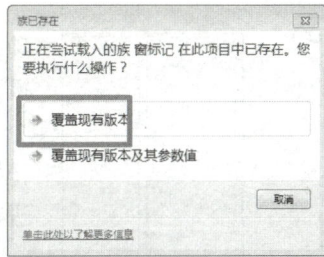

图 4-1-19

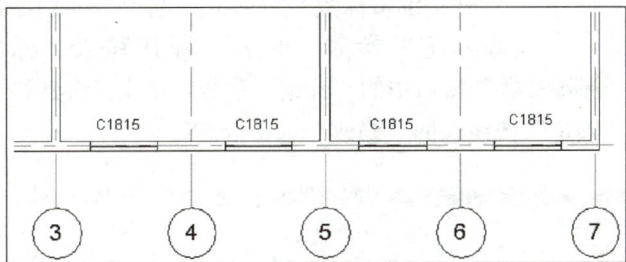

图 4-1-20

21. 单击"建筑"选项卡"构建"面板中"窗"命令，单击"属性"面板"编辑类型"按钮，打开"类型属性"对话框，单击"复制"按钮输入"C0812"名称，单击类型参数列表框中"尺寸标注"，将"粗略宽度"改为 800mm，"粗略高度"改为 1200mm，将"类型标记"改为 C0812，"默认窗台高度"改为 900mm。移动光标至Ⓐ轴线与①～②轴线间和②～③轴线间外墙处，单击鼠标左键放置窗图元，窗与②轴线的距离分别是600mm 和 1000mm（图 4-1-21）。

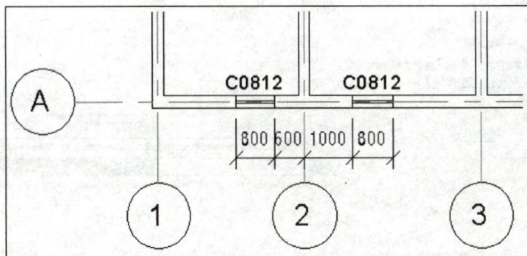

图 4-1-21

22. 单击"插入"选项卡"从库中载入"面板中"载入族"命令，进入"china"文件夹，选择"建筑"→"门"→"普通门"→"平开门"→"单扇"→"单嵌板木门 1"的门族类型，点击"打开"。

23. 单击"建筑"选项卡"构建"面板中"门"命令，单击"属性"面板"编辑类型"按钮，打开"类型属性"对话框，单击"复制"按钮输入"M0921"名称，单击类型参数列表框中"尺寸标注"，将"粗略宽度"改为 900mm，"粗略高度"改为 2100mm，

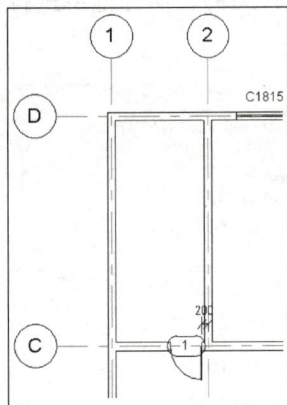

图 4-1-22

将"类型标记"改为 M0921，单击"确定"切换至"修改｜放置门"上下文选项卡。

24. 注意激活"标记"面板中"在放置时进行标记"选项，移动光标至ⓒ轴线与①～②轴线间内墙处，单击鼠标左键放置门图元，门洞边与②轴线距离为 200mm（图 4-1-22）。

25. 选择门的标注①，Revit 自动切换至"修改｜门标记"上下文选项卡，单击"模式"面板中"编辑族"工具，进入族编辑状态（图 4-1-23）。

26. 选中图形⑩⑪的椭圆形，用"Delete"键逐一删除。选中标签"101"，单击"属性"面板的标签"编辑"按钮，打开"编辑标签"对话框，选中"类别参数"窗口中的"类型标记"参数，单击 将其移入"标签参数"窗口中（图 4-1-24）。选中"标签参数"窗口中的"标记"参数，单击 将其移入"类别参数"窗口中，完成后单击"确定"按钮返回"修改"选项卡。

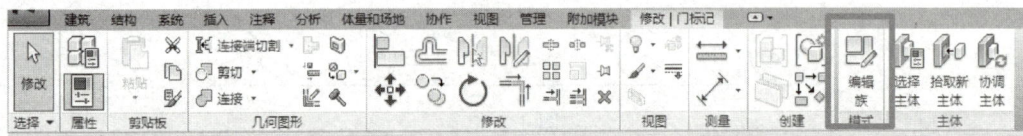

图 4-1-23

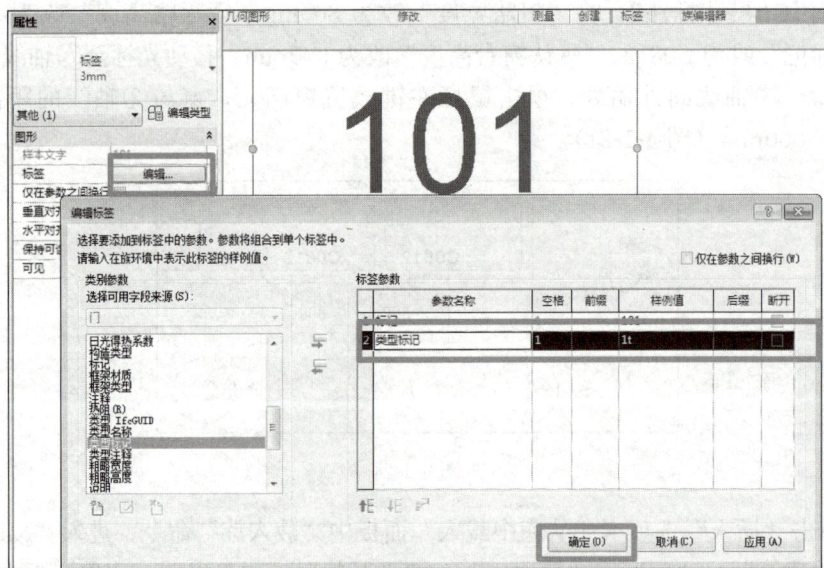

图 4-1-24

27. 单击"修改｜标签"选项卡"族编辑器"面板中"载入到项目"命令，Revit 将给出"族已存在"对话框，选择"覆盖现有版本"，门标记将进行更新。

28. 继续沿着Ⓑ轴线内墙在②轴线附近放置"M0921"（图 4-1-25）。

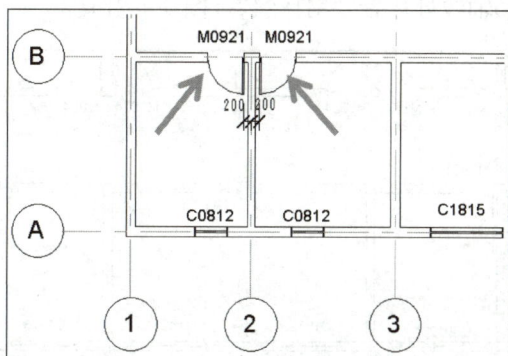

29. 单击"建筑"选项卡"构建"面板中"门"命令，单击"属性"面板"编辑类型"按钮，打开"类型属性"对话框，单击"复制"按钮输入"M1024"名称，单击类型参数列表框中"尺寸标注"，将"粗略宽度"改为 1000mm，"粗略高度"改为 2400mm，将"类型标记"改为 M1024，单击"确定"切换至"修改｜放置门"上下文选项卡。移动光标至Ⓒ轴线，分别在③、⑤和⑥轴线处放置"M1024"（图 4-1-26）。

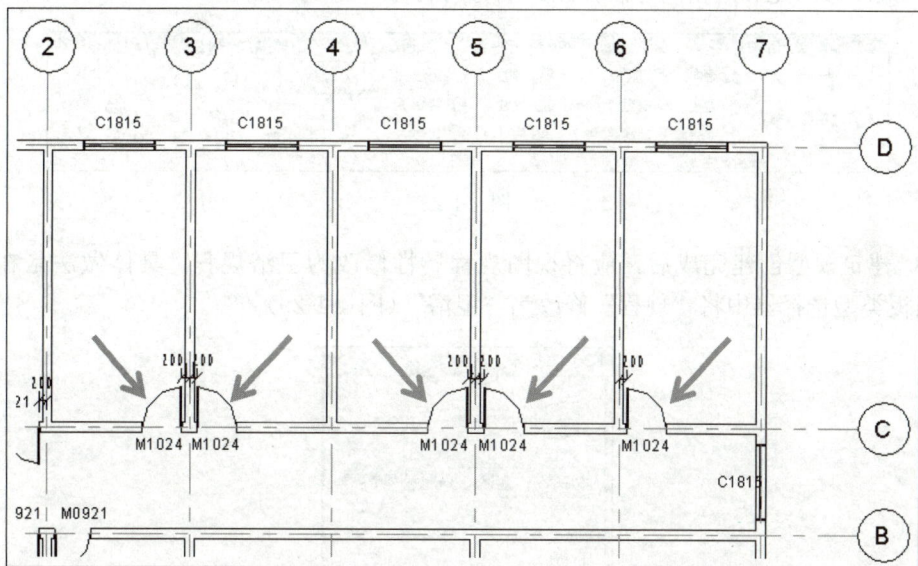

图 4-1-26

30. 单击"插入"选项卡"从库中载入"面板中"载入族"命令，进入"china"文件夹，选择"建筑"→"门"→"普通门"→"平开门"→"双扇"→"双面嵌板木门 1"的门族类型，点击"打开"。

31. 单击"建筑"选项卡"构建"面板中"门"命令，单击"属性"面板"编辑类型"按钮，打开"类型属性"对话框，单击"复制"按钮输入"M1824"名称，单击类型参数列表框中"尺寸标注"，将"粗略宽度"改为 1800mm，"粗略高度"改为 2400mm，

将"类型标记"改为 M1824，单击"确定"切换至"修改 | 放置门"上下文选项卡。移动光标分别在①轴线和⑧轴线处放置"M1824"（图 4-1-27）。

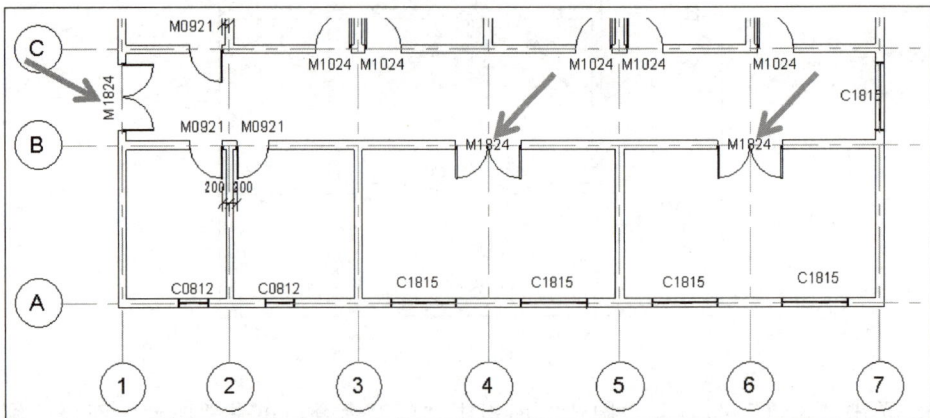

图 4-1-27

32. 标注房间名称。单击"注释"选项卡"文字"面板的" A 文字 "命令，此时光标变为文字工具⌐A，将光标移动到①轴线和②轴线间单击鼠标左键，用输入法输入"楼梯间"，继续移动光标用相同方法标注其他房间名称（图 4-1-28）。

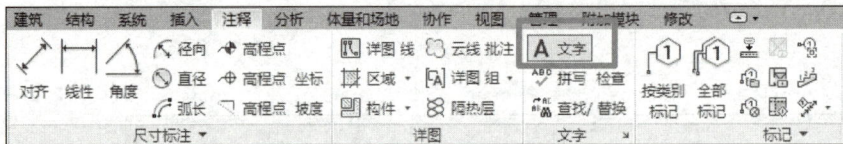

图 4-1-28

33. 建筑模型创建完成后，应将视图规程属性修改为卫浴规程。具体做法是在"属性"面板类型选择器中将"规程"修改为"卫浴"（图 4-1-29）。

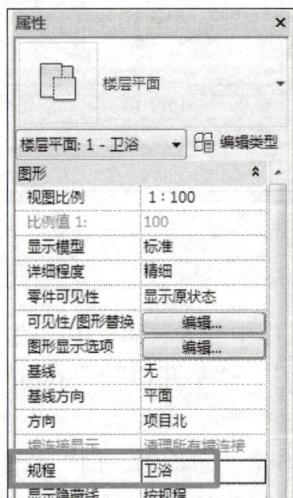

图 4-1-29

4.2　创建照明模型

4.2.1　添加照明灯具工作面

1. 在项目浏览器中展开"电气"视图类别，双击任意立面视图，如"南-电气"立面，切换至其南立面（图 4-2-1）。

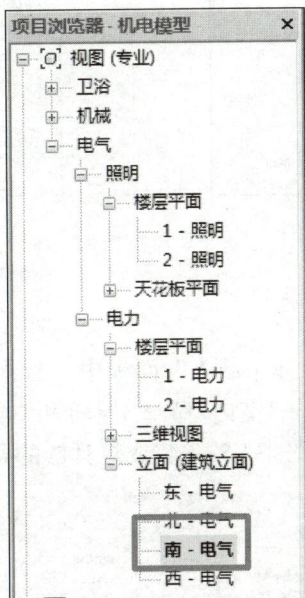

图 4-2-1

2. 单击"建筑"选项卡"工作平面"面板中"参照平面"工具，从右往左的方向绘制一条参照平面线，按两次"Esc"键退出绘制状态。点选此参照平面线，修改与标高 1 的距离为"3000"，按"Enter"键后再按"Esc"键退出编辑状态（图 4-2-2）。

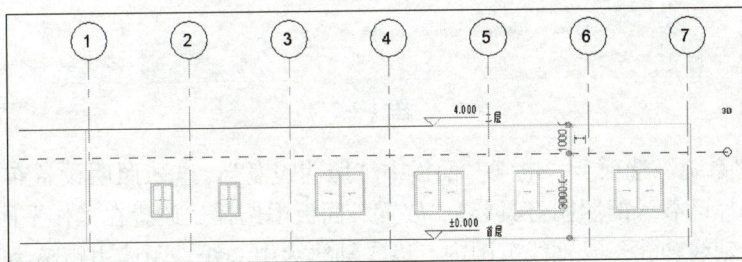

图 4-2-2

3. 单击"建筑"选项卡"工作平面"面板中"设置"工具，进入"工作平面"设置窗口，选择"拾取一个平面"（图 4-2-3），然后单击"确定"按钮。左键单击已绘制的参照平面线，进入"转到视图"窗口，选择"楼层平面：1-照明"，点击"打开视图"（图 4-2-4），Revit 会自动切换至"1-照明"平面视图。

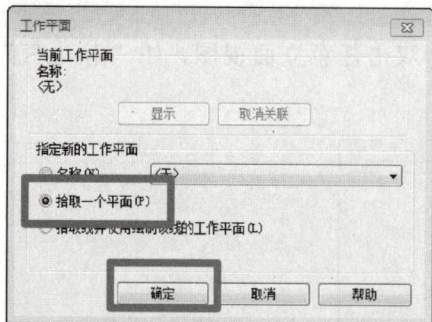

图 4-2-3

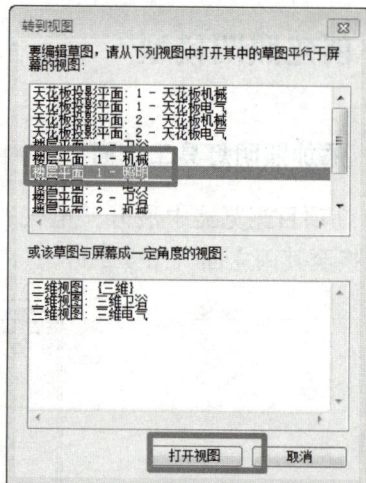

图 4-2-4

4.2.2　灯具布置

1. 单击"插入"选项卡"从库中载入"面板中"载入族"工具，进入"china"文件夹，依次选择"机电"→"照明"→"室内灯"→"导轨和支架式灯具"→"单管悬挂式灯具-T5"的族类型，点击"打开"（图 4-2-5），完成灯具族的导入。

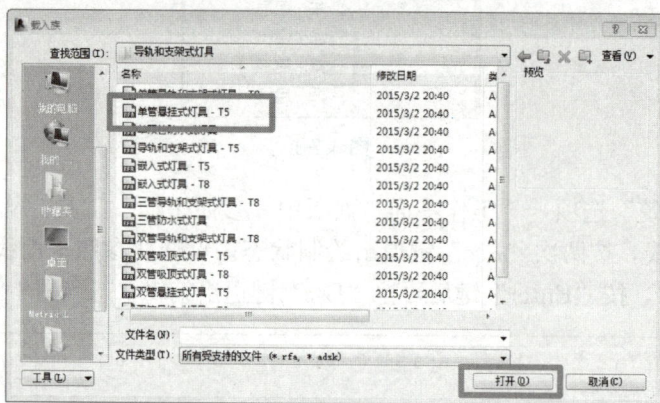

图 4-2-5

2. 单击"系统"选项卡"电气"面板中"照明设备"，进入照明设备布置状态。"属性"窗口中选择已载入的照明灯具族，"放置"面板中选择"放置在工作平面上"。将光标移动到Ⓐ～Ⓑ轴线和③～⑤轴线范围内，以④轴线为中心线，距墙边距离为 1200mm，单击左键放置第一个灯具（图 4-2-6），按两次"Esc"键退出布置状态。

3. 重复上述操作，按照图纸给出灯具间的距离，完成首层灯具模型的平面布置（图 4-2-7）。

4. 切换至"南-电气"立面视图。使用"高程点"工具标注灯具的标高为"2.400"，需要调整参考平面的高度。具体做法是点选参照平面线，修改线与标高 2 的距离为"400"，按"Enter"键完成灯具高度的调整（图 4-2-8）。

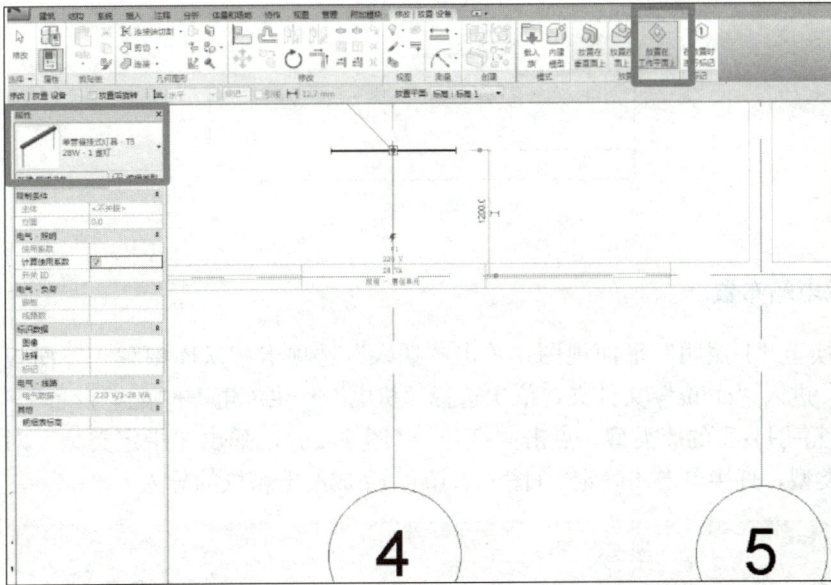

图 4-2-6

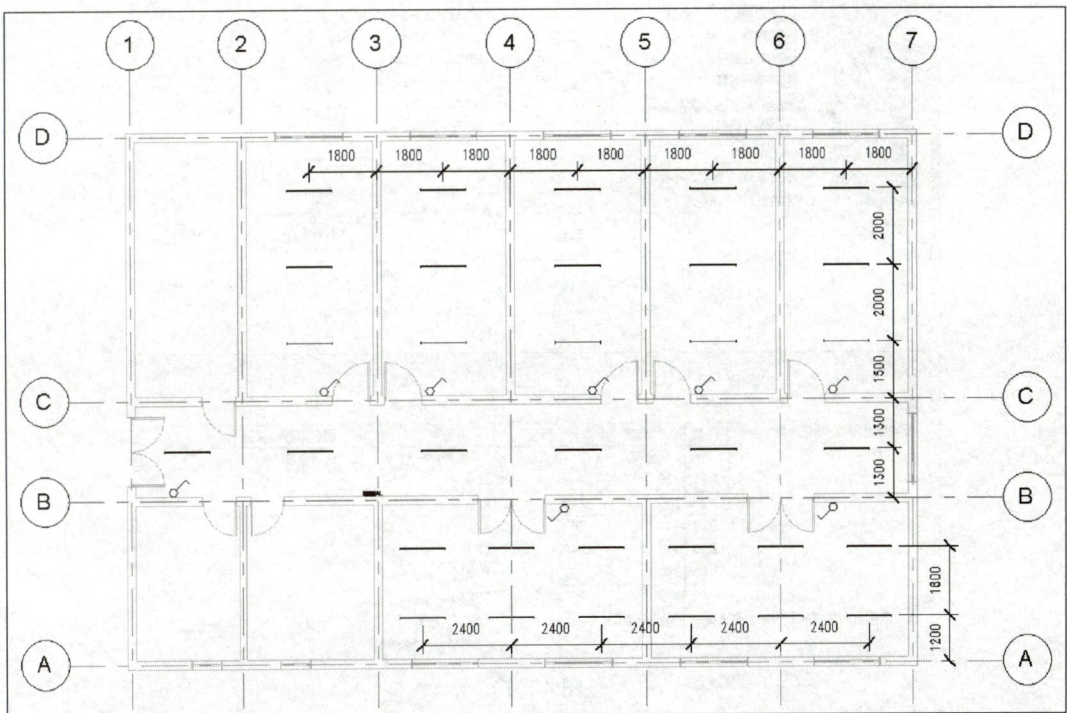

图 4-2-7

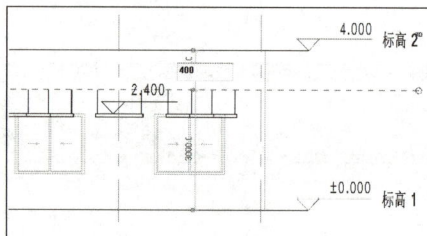

图 4-2-8

4.2.3 配电箱布置

1. 切换至"1-照明"平面视图。单击"插入"选项卡"从库中载入"面板中"载入族"工具，进入"china"文件夹，依次选择"机电"→"供配电"→"配电设备"→"箱柜"→"照明配电箱-明装"的族类型，点击"打开"（图 4-2-9），弹出"指定类型"对话框，可以不指定类型，直接单击"确定"（图 4-2-10），完成配电箱族的导入。

图 4-2-9

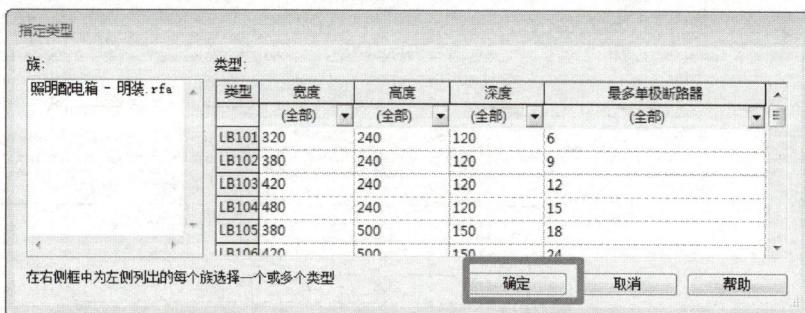

图 4-2-10

2. 单击"系统"选项卡"电气"面板中"电气设备"工具，进入电气设备绘制状态。确认"修改｜放置设备"上下文选项卡"放置"面板中的放置方式为"放置在垂直面上"

（图 4-2-11）。在"属性"面板窗口选择载入的配电箱族，修改"立面"参数为"1500.0"，按照图纸配电箱位置，鼠标放于③轴线和Ⓑ轴线交点墙边，单击鼠标左键（图 4-2-12），完成配电箱的布置，按"Esc"键退出布置命令。

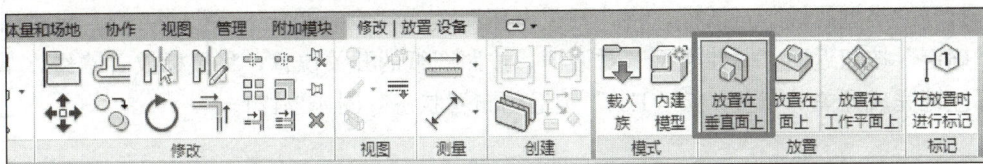

图 4-2-11

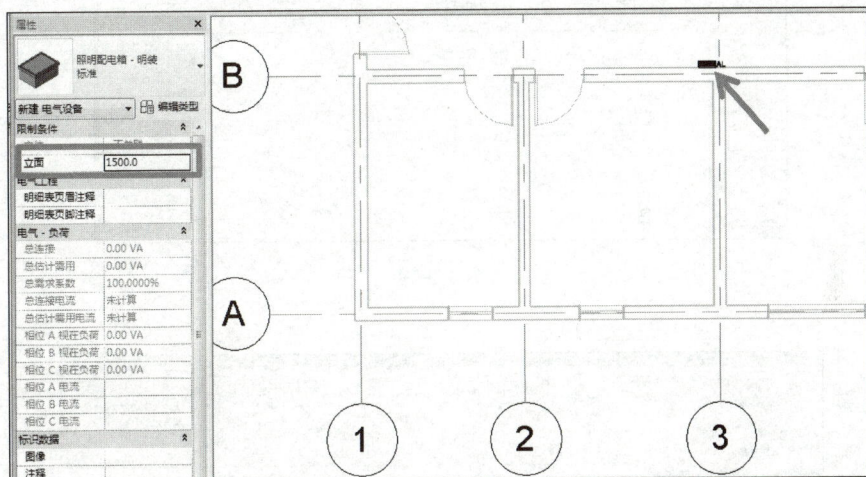

图 4-2-12

4.2.4　开关布置

1. 单击"插入"选项卡"从库中载入"面板中"载入族"工具，进入"china"文件夹，依次选择"机电"→"供配电"→"终端"→"开关"→"单联开关-明装"的族类型，点击"打开"（图 4-2-13），完成开关族的导入。

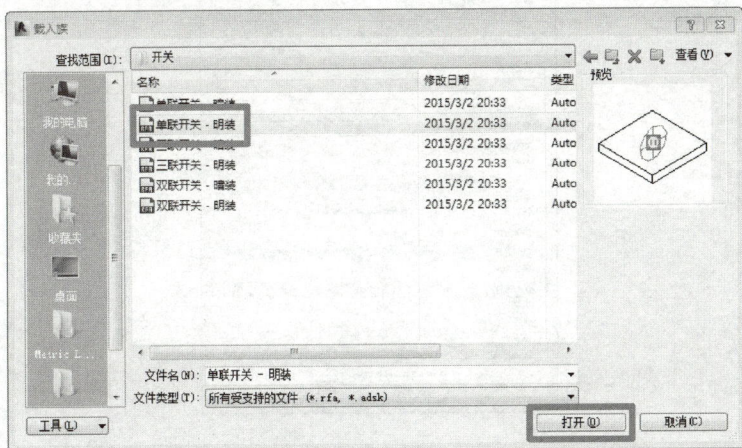

图 4-2-13

2. 单击"系统"选项卡"电气"面板中"设备"→"照明"工具，进入设备绘制状态（图 4-2-14）。确认"放置"面板中的放置方式为"放置在垂直面上"。在"属性"面板窗口选择载入的开关族，修改"立面"参数为"1500.0"（图 4-2-15），单击"编辑类型"按钮，打开"类型属性"对话框，将"开关电压"改为"220.00V"（图 4-2-16），完成后单击"确定"按钮返回"属性类型"对话框。按照图纸的开关位置，将鼠标放置墙边，单击鼠标左键完成开关的布置，按"Esc"键退出布置状态（图 4-2-17）。

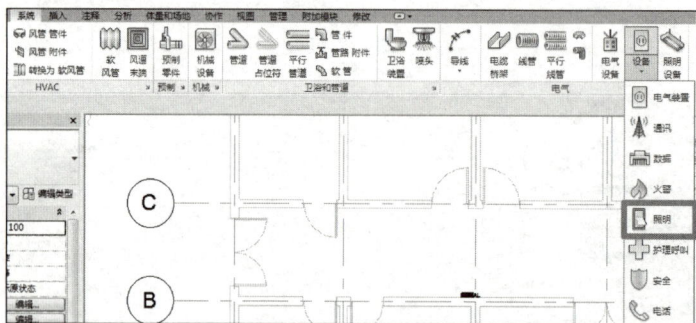

图 4-2-14

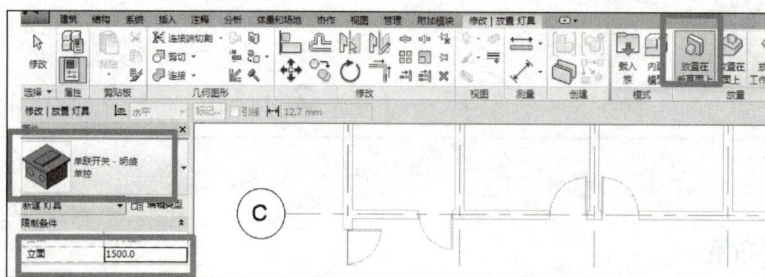

图 4-2-15

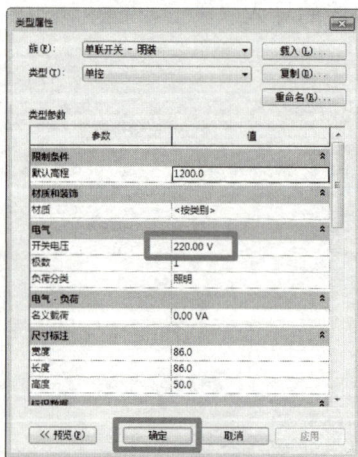

图 4-2-16

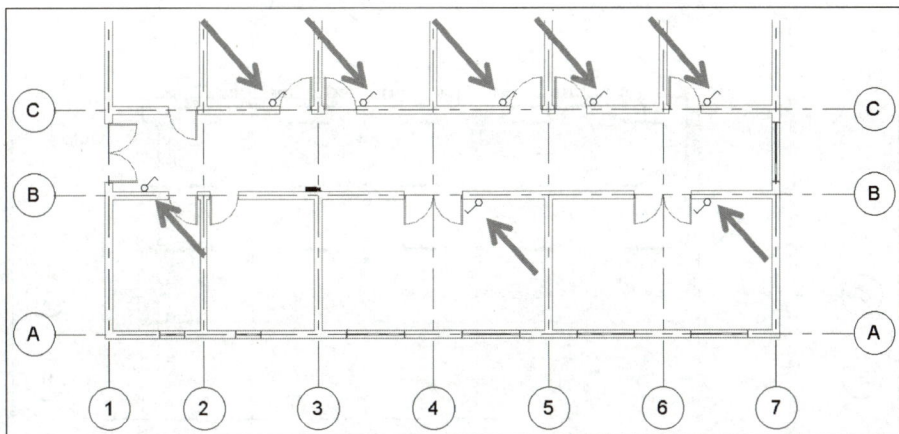

图 4-2-17

4.2.5　导线布置

1. 单击配电箱，进入"修改｜电气设备"上下文选项卡，将工具条中的"配电系统"修改为"220/380 Wye"（图 4-2-18）。

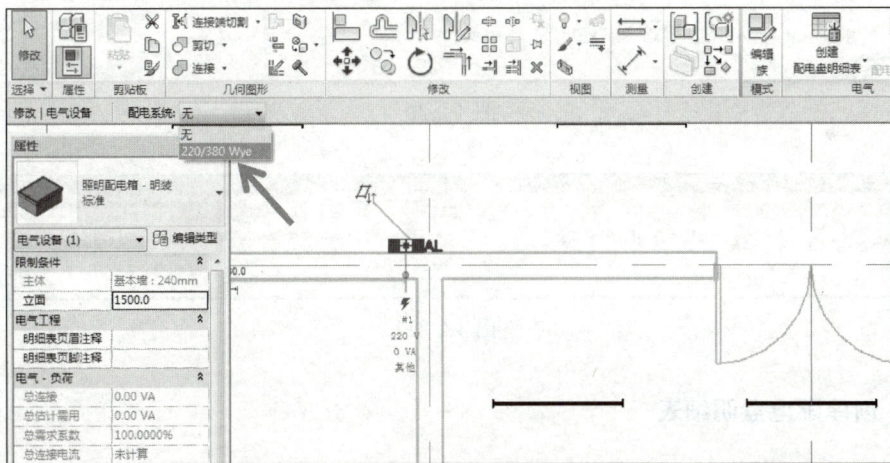

图 4-2-18

2. 用鼠标自左上向右下框选Ⓒ～Ⓓ轴线间的所有灯具和开关（图 4-2-19），在"修改｜选择多个"上下文选项卡"创建系统"面板中选择"电力"按钮（图 4-2-20），Revit 自动切换至"修改｜电路"上下文选项卡，单击"系统工具"面板，从该面板下拉列表选择"标准，220V/380V，三相相位，4 导线，星形"配电板，单击"转换为导线"面板中的"带倒角导线"（图 4-2-21），完成Ⓒ～Ⓓ轴线间导线的布置。重复操作，完成Ⓑ～Ⓒ轴线间导线的布置和Ⓐ～Ⓑ轴线间导线的布置（图 4-2-22）。

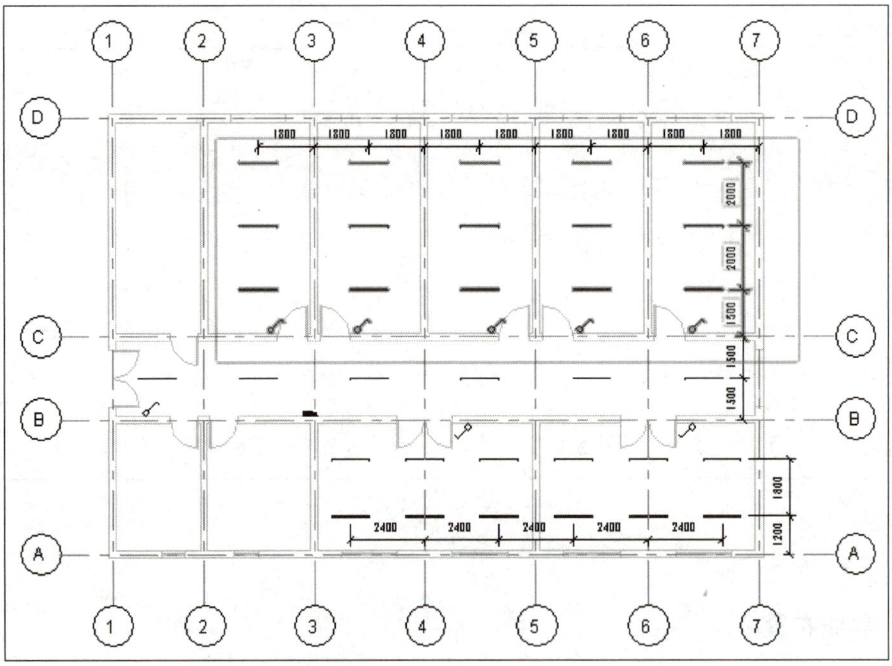

图 4-2-19

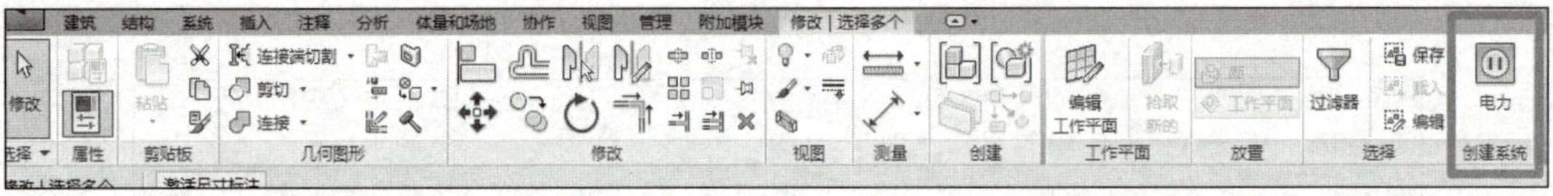

图 4-2-20

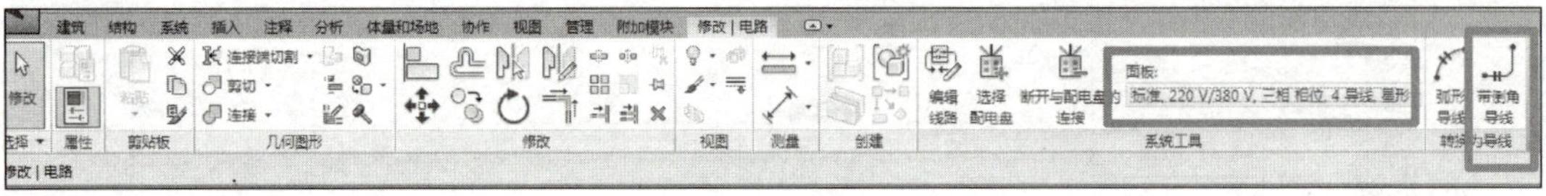

图 4-2-21

4.2.6　创建配电盘明细表

　　单击配电箱图元，Revit 自动切换至"修改｜电气设备"上下文选项卡，单击"电气"面板中的"创建配电盘明细表"工具，选择"使用默认样板"（图 4-2-23），完成配电盘明细表的生成（图 4-2-24）。

4.2.7　隐藏立面标记

　　为了出图方便，可在照明模型创建完成后，将立面标记 Ｑ 进行隐藏。具体做法是切换至"1-照明"楼层平面视图，单击"视图"选项卡，"图形"面板中的"可见性/图形"工具（图 4-2-25），弹出"照明的可见性/图形替换"对话框，单击"注释类别"选项卡清除"立面"的复选框，然后单击"确定"（图 4-2-26）。

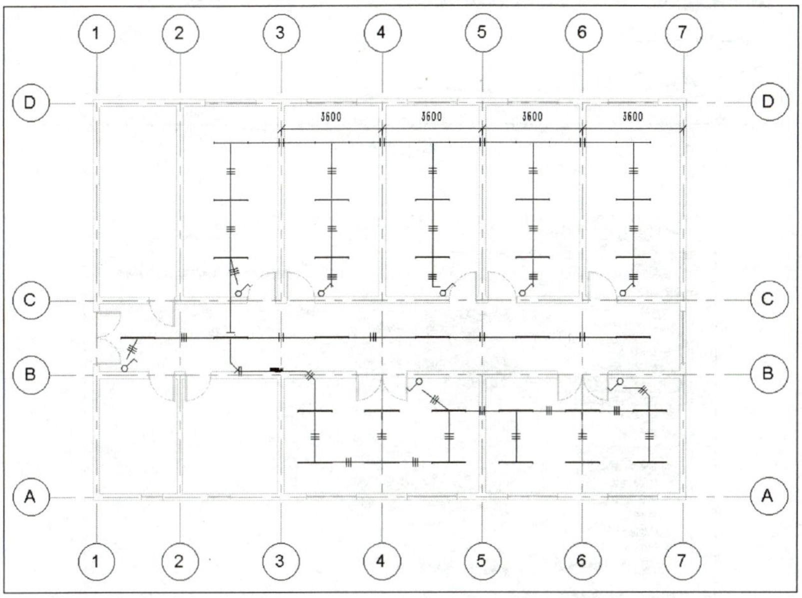

图 4-2-22

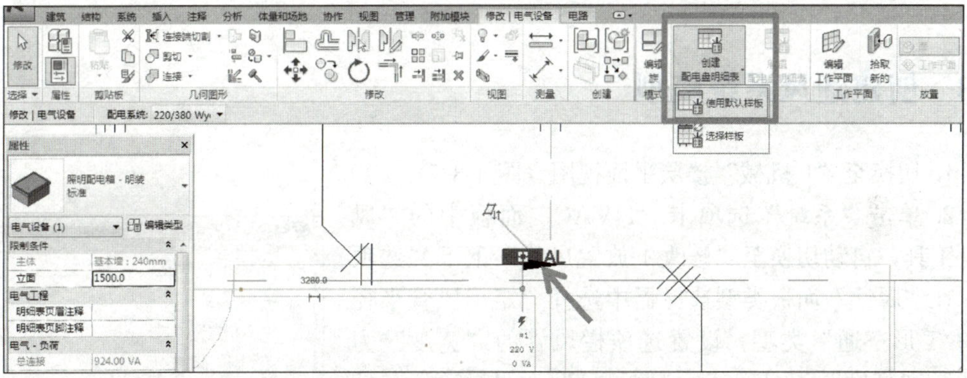

图 4-2-23

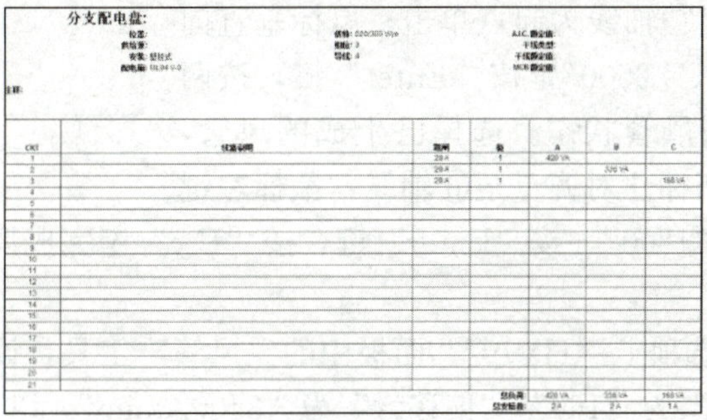

图 4-2-24

图 4-2-25

图 4-2-26

4.3 创建通风系统模型

1. 切换至"1-机械"楼层平面视图（图 4-3-1）。

2. 单击"系统"选项卡"HVAC"面板中的"风管"工具，自动切换至"修改｜放置风管"上下文选项卡。在"属性"面板类型选择器中选择"矩形风管半径弯头/T形三通"类型，设置选项栏风管的"宽度"为"320"，"高度"为"160"，"偏移量"为"3400.0mm"（图 4-3-2）。先绘制⑥～⑦轴线间的风管，风口中心与Ⓒ轴线距离为 2200mm，可绘制稍长的风管长度，这里按2500mm 长度绘制，以Ⓒ轴线为起点单击，鼠标垂直向上移动放置方向，输入"2500"，按"Enter"键，按两次"Esc"键退出绘制风管状态。选择已生成的风管，通过鼠标选择拖动距离标注对齐点至⑥轴线，鼠标左键

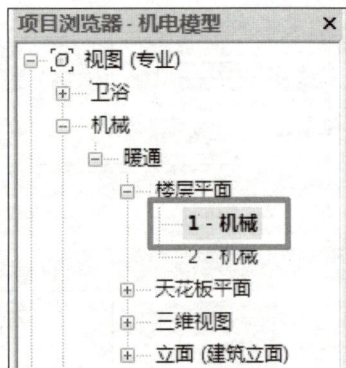

图 4-3-1

单击距离尺寸，输入"1800"，按"Enter"键，按"Esc"键完成风管与⑥轴线位置偏移距离调整（图 4-3-3）。

3. 单击"系统"选项卡"HVAC"面板中的"风管"工具，设置选项栏风管的"宽度"为"200"，"高度"为"160"，"偏移量"为"3400.0mm"，以 320mm×160mm 风管末端为起点，绘制一段 2500mm 长的风管，按两次"Esc"键退出绘图（图 4-3-4）。

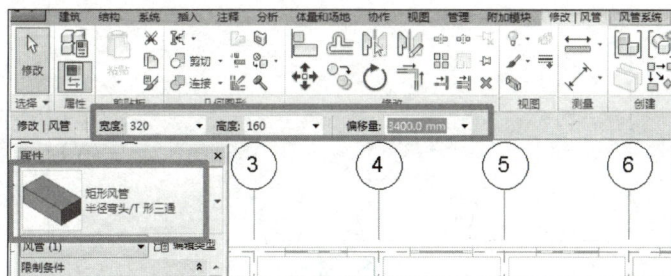

图 4-3-2

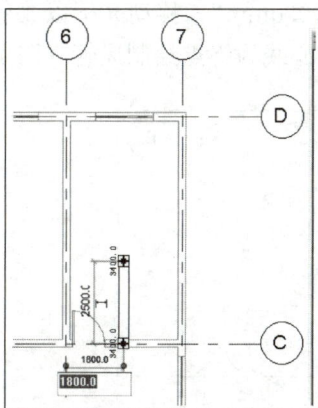

图 4-3-3

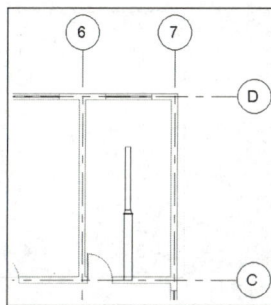

图 4-3-4

4. 框选已绘制好的 2 段风管，单击"修改"面板中"复制"工具，勾选选项栏中的"多个"选项，单击风管中线，依次向⑤～⑥轴线、④～⑤轴线、③～④轴线、②～③轴线间偏移 3600mm 距离进行复制（图 4-3-5）。

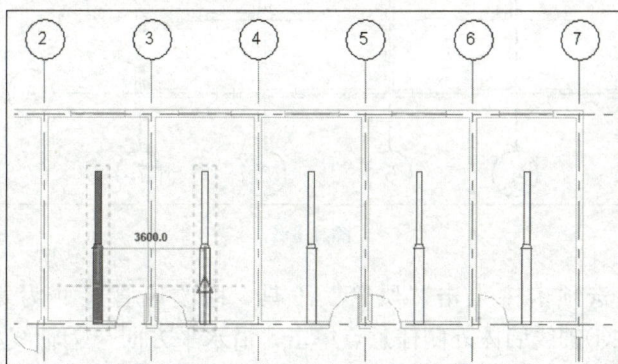

图 4-3-5

5. 单击"系统"选项卡"HVAC"面板中的"风管"工具，设置选项栏风管的"宽度"为"200"，"高度"为"160"，"偏移量"为"3400.0mm"，移动光标以④轴线为中心线，沿水平方向绘制两段 1700mm 长度的风管，并调整此风管与Ⓑ轴线的距离为"2130"（图 4-3-6）。

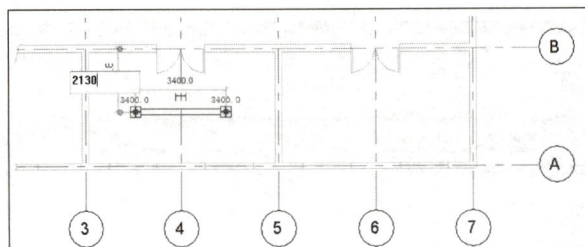

图 4-3-6

6. 单击"系统"选项卡"HVAC"面板中的"风管"工具，设置选项栏风管的"宽度"为"320"，"高度"为"160"，"偏移量"为"3400.0mm"，移动光标以④轴线与⑧轴线的交点为起点，以 200mm×160mm 水平段风管中心线为终点绘制风管（图 4-3-7）。

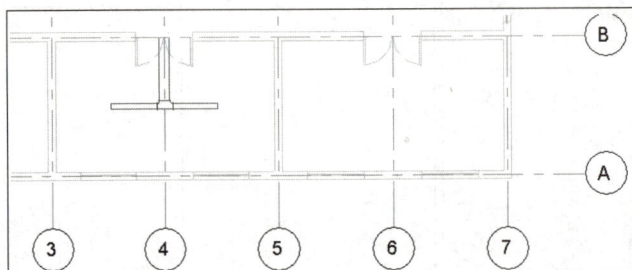

图 4-3-7

7. 采用复制操作方式，把风管复制到⑥轴线位置（图 4-3-8）。

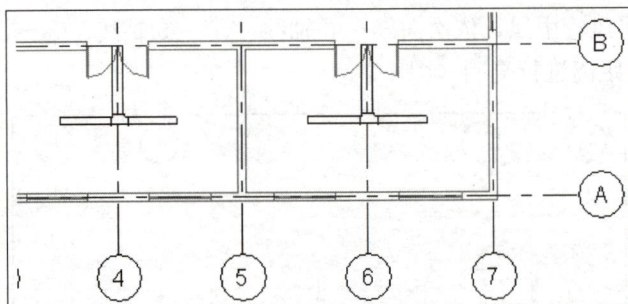

图 4-3-8

8. 在"系统"选项卡中点击"风管"工具，修改风管尺寸为宽度"800"，高度"400"。移动光标在①轴线墙体外侧任意点单击，沿水平方向与⑦轴线相交时单击布置风管，按"Esc"键退出，调整风管中线偏移ⓒ轴线的距离为1300mm（图 4-3-9）。

9. 单击任意风管图元，软件切换至"修改 | 风管"选项卡。单击"修改"面板中的"修剪/延伸单个图元"工具，先单击水平向风管，再单击竖向风管，完成风管间的延伸连接（图 4-3-10）。

10. 单击④轴线处的水平风管，修改尺寸参数宽度为"630"，高度为"400"（图 4-3-11），重复使用"修剪/延伸单个图元"工具，完成④轴线风管与水平风管的连接（图 4-3-12）。

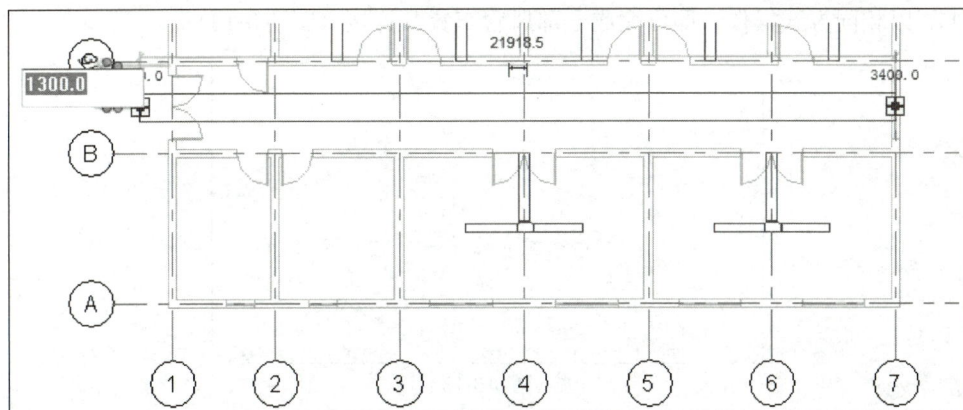

图 4-3-9

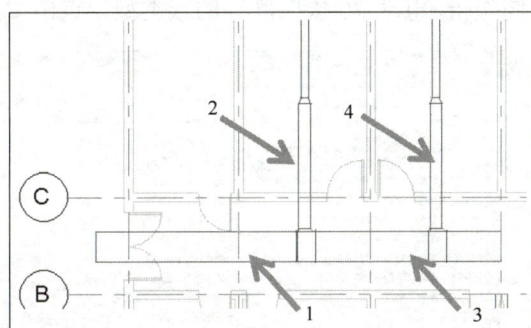

图 4-3-10

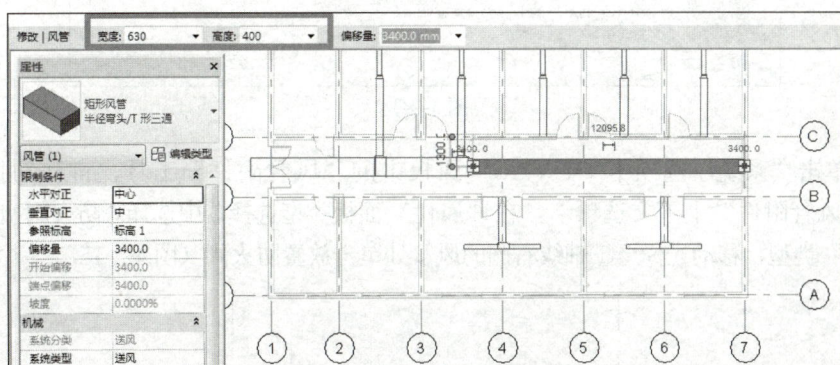

图 4-3-11

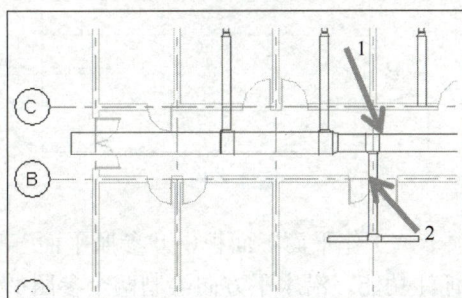

图 4-3-12

11. 以相同方式操作，即可完成全部风管布置及连接（图 4-3-13）。

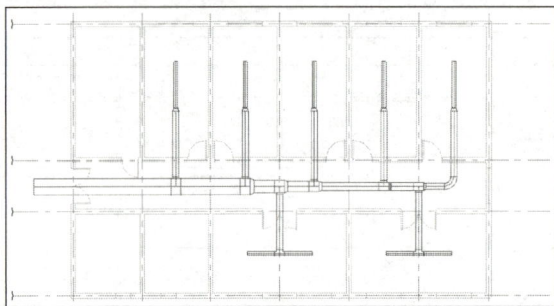

图 4-3-13

12. 单击"插入"选项卡"从库中载入"面板中"载入族"命令，选择"消防"→"防排烟"→"风阀"→"防火阀-矩形-电动-70 摄氏度"的族类型，点击"打开"（图 4-3-14）。

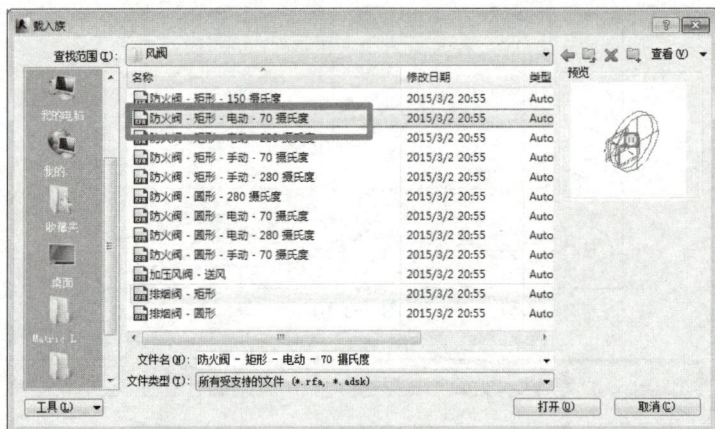

图 4-3-14

13. 单击"系统"选项卡"HVAC"面板中的"风管附件"工具，自动切换至"修改│放置风管附件"上下文选项卡，在"属性"面板类型选择器中选择"防火阀-矩形-电动-70 摄氏度"类型，移动光标至①轴线右侧的风管处单击放置防火阀（图 4-3-15）。

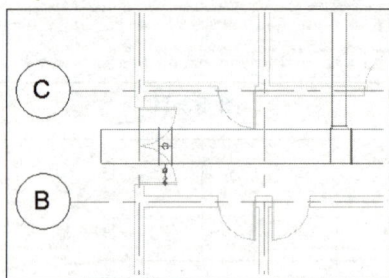

图 4-3-15

14. 单击"建筑"选项卡"工作平面"面板中"参照平面"工具，进入参照平面绘制模式，配合使用临时尺寸标注功能，沿水平方向绘制两个参照平面，平面与©轴线的距离为 2200mm，两个平面的距离为 2500mm（图 4-3-16）。

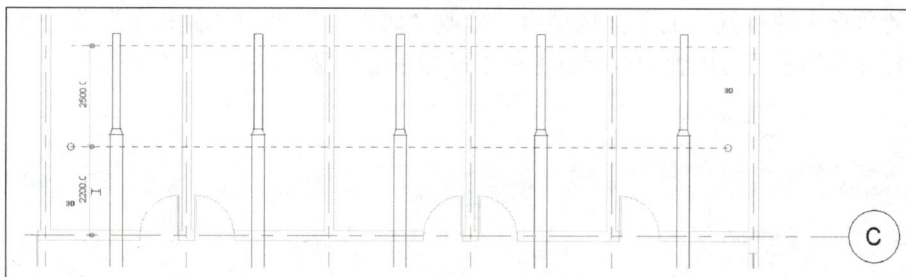

图 4-3-16

15. 单击"插入"选项卡"从库中载入"面板中"载入族"命令，选择"机电"→"风管附件"→"风口"→"散流器-方形"的族类型，点击"打开"（图 4-3-17）。

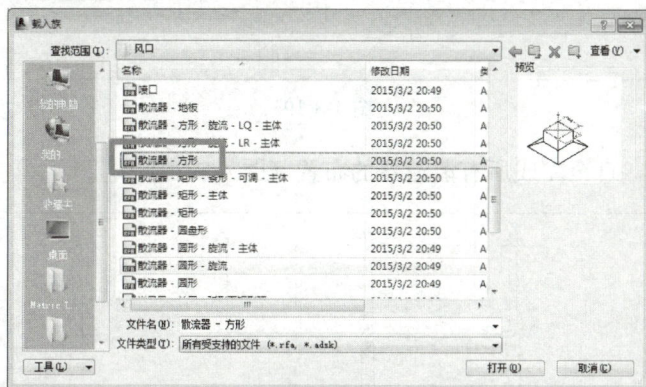

图 4-3-17

16. 单击"系统"选项卡"HVAC"面板中"风道末端"工具，自动切换至"修改｜放置风道末端装置"上下文选项卡，在"属性"面板类型选择器中打开"编辑类型"对话框，单击"复制"按钮，输入"200×200"名称，单击"确定"按钮，返回"属性类型"对话框，并修改散流器的宽度和长度为 200mm（图 4-3-18），单击"确定"切换至"修

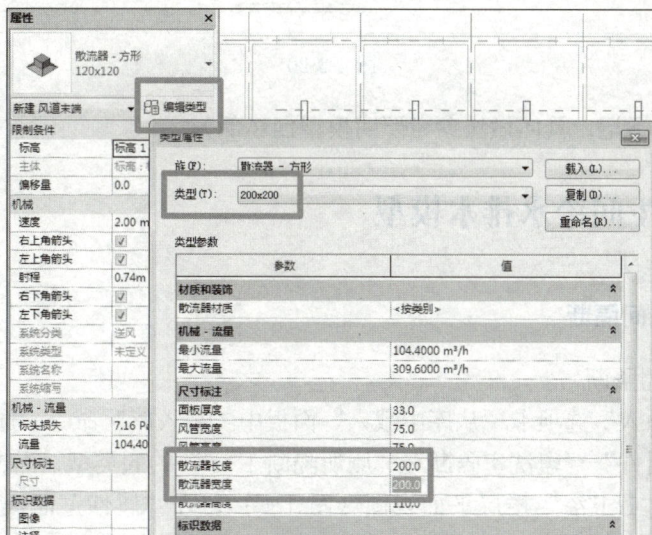

图 4-3-18

改丨放置风道末端装置"上下文选项卡，修改"属性"面板中"偏移量"为"3000.0"，移动光标在参照平面与风管中线交点上单击鼠标左键放置风口（图4-3-19）。

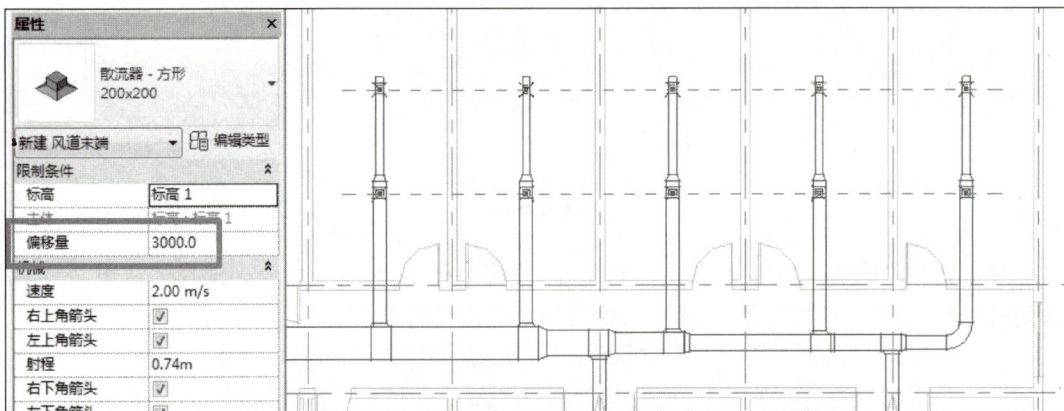

图 4-3-19

17. 重复操作，直至完成所有散流器的布置（图4-3-20）。

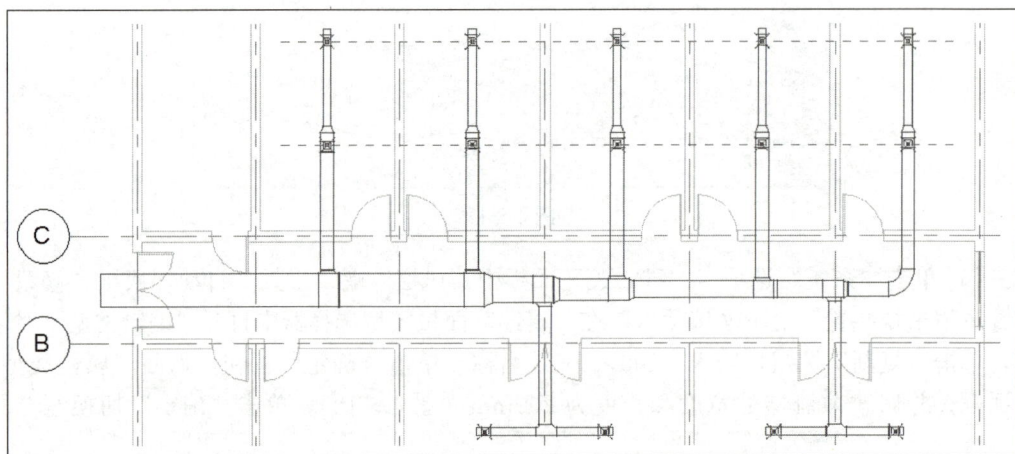

图 4-3-20

18. 隐藏立面标记。具体做法参考照明模型创建部分。

4.4 创建卫生间给水排水模型

4.4.1 布置卫生间隔断

1. 布置大便器隔断

（1）单击"插入"选项卡"从库中载入"面板中"载入族"命令，选择"建筑"→"专用设备"→"卫浴附件"→"盥洗室隔断"→"厕所隔断13D"的族类型，点击"打开"。

（2）切换至"1-卫浴"楼层平面视图（图4-4-1）。在"属性"面板类型选择器中将"规程"修改为"建筑"（图4-4-2）。

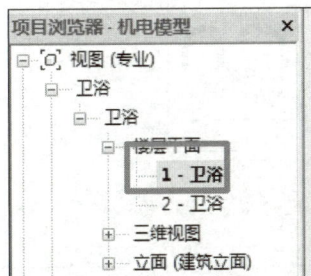

图 4-4-1

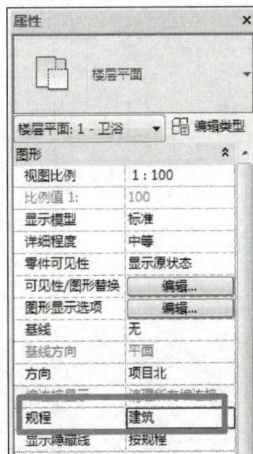

图 4-4-2

（3）单击"建筑"选项卡"工作平面"面板中"参照平面"工具，进入参照平面绘制模式，沿水平方向和垂直方向分别绘制一个参照平面，水平平面与Ⓐ轴线的距离为1100mm，垂直平面与①轴线的距离为1350mm（图 4-4-3）。

（4）单击"建筑"选项卡"构建"面板中"构件"工具下方的下拉三角箭头，从下拉菜单中选择"放置构件"命令。在"属性"面板类型选择器中，选择"厕所隔断 1 3D 中间或靠墙（落地）"作为当前隔断类型，将

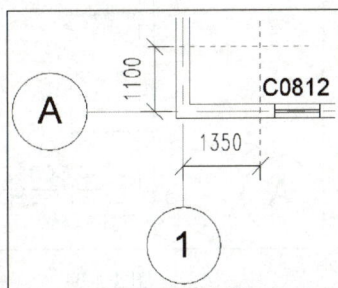

图 4-4-3

鼠标放于①轴线墙边任意位置单击左键布置，按"Esc"键退出（图 4-4-4）。

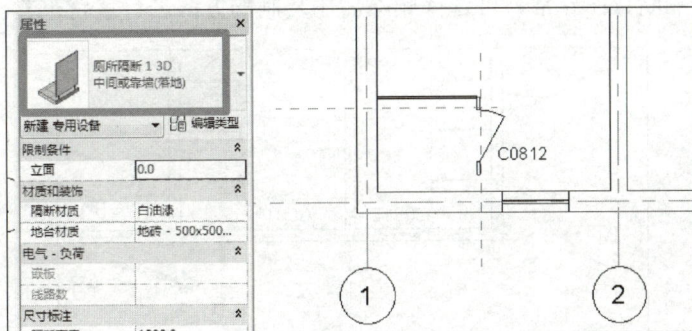

图 4-4-4

（5）选择生成的隔断，通过拖拽隔板处的造型操纵柄 ↕ ，将隔板的中心线与参照平面重合（图 4-4-5）。

（6）重复上述操作，完成其他两个隔断的布置（图 4-4-6）。

（7）使用参照平面工具，沿②轴线绘制一个参照平面，此参照平面与③轴线距离为3300mm（图 4-4-7）。

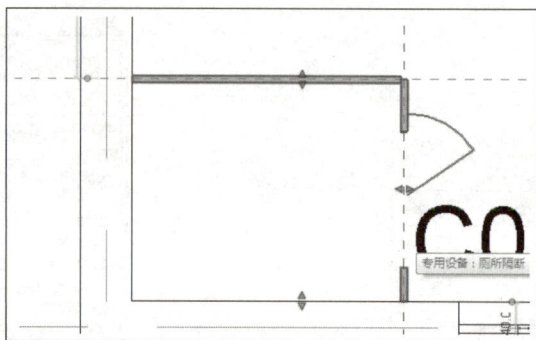

图 4-4-5

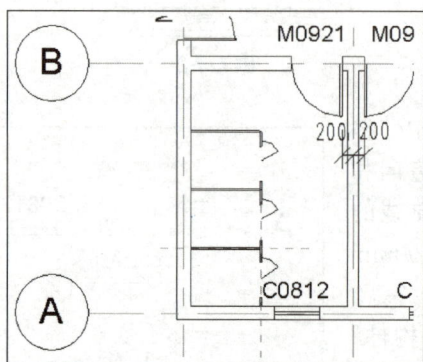

图 4-4-6

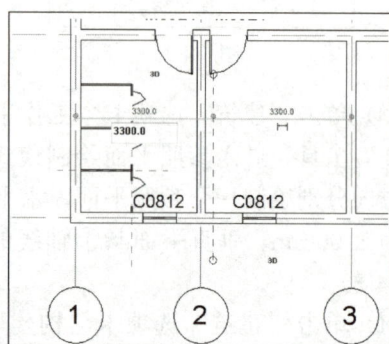

图 4-4-7

（8）框选①～②轴线间的三个隔断，点击"修改｜专用设备"选项卡中"镜像-拾取轴"工具，单击绘制的参照平面，把隔断镜像布置到③轴线墙边，由于族文件的问题，导致镜像后有一个隔断方向异常，可选择删除后用复制的方法进行重新布置（图 4-4-8）。

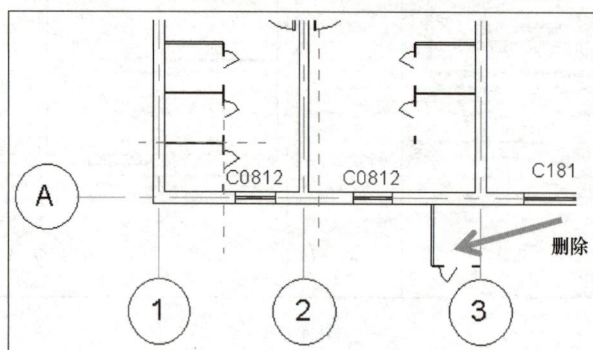

图 4-4-8

2. 布置小便器隔板

（1）单击"插入"选项卡"从库中载入"面板中"载入族"命令，选择"建筑"→"专用设备"→"卫浴附件"→"盥洗室隔断"→"盥洗室隔断 3 3D"的族类型，点击"打开"。

（2）单击"建筑"选项卡"构建"面板中"构件"工具下方的下拉三角箭头，从下拉

菜单中选择"放置构件"命令。在"属性"面板类型选择器中,选择"盥洗室隔断 3 3D 20×300×1300mm"作为当前隔断类型。单击"编辑类型"按钮,打开"类型属性"对话框,复制名称为"20×500×1300mm"的隔断类型,并将类型参数列表框中的"隔断长度"改为 500mm(图 4-4-9),完成后单击"确定"切换至"修改 | 放置构件"上下文选项卡。

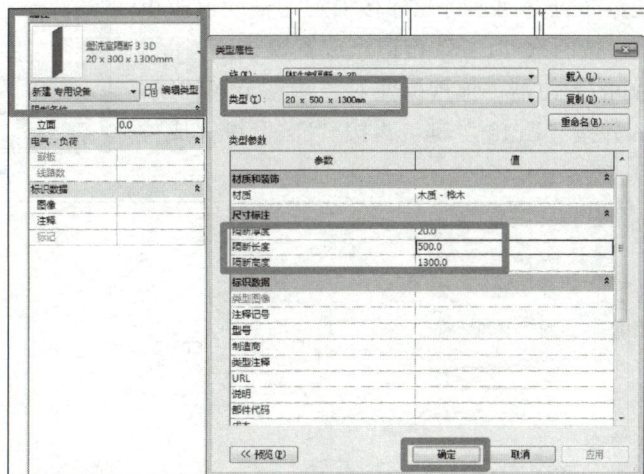

图 4-4-9

(3)将光标放于②轴线墙边任意位置单击布置,按"Esc"键退出。单击放置好的隔断,拖拽标注对齐端点至Ⓐ轴线,修改距离为 1000mm 并按"Enter"键,再按"Esc"键完成位置调整(图 4-4-10)。

(4)采用复制操作,将放置好的隔断按间距 800mm 垂直向上复制两次,完成隔板的布置(图 4-4-11)。

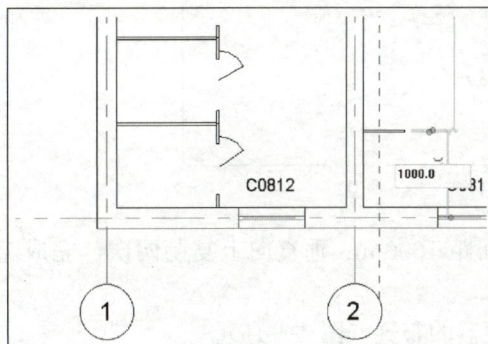

图 4-4-10

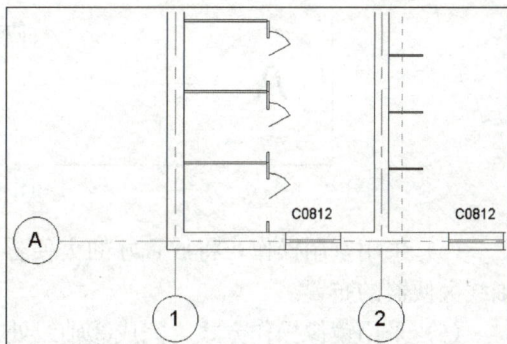

图 4-4-11

4.4.2　卫生器具布置

1. 大便器的布置

(1)确认当前视图为"1-卫浴"楼层平面视图,在"属性"面板中修改"规程"为"卫浴"属性(图 4-4-12)。

（2）单击"插入"选项卡"从库中载入"面板中"载入族"命令，选择"机电"→"卫生器具"→"大便器"→"坐便器-冲洗水箱"的族类型，点击"打开"。

（3）单击"系统"选项卡"卫浴与管道"面板中"卫浴装置"命令，在"属性"选项卡中选择载入的大便器族，按"空格"键调整大便器布置方向，将光标移动到①轴线墙边单击布置（图4-4-13），按两次"Esc"键退出放置模式。

（4）单击放置好的大便器，拖拽标注对齐端点至Ⓐ轴线，修改距离为600mm并按"Enter"键，再按"Esc"键完成位置调整（图4-4-14）。

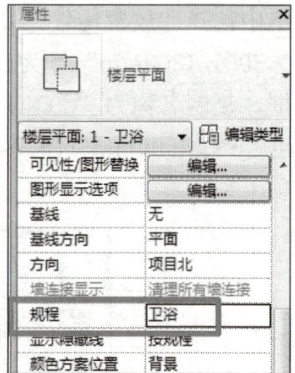

图 4-4-12

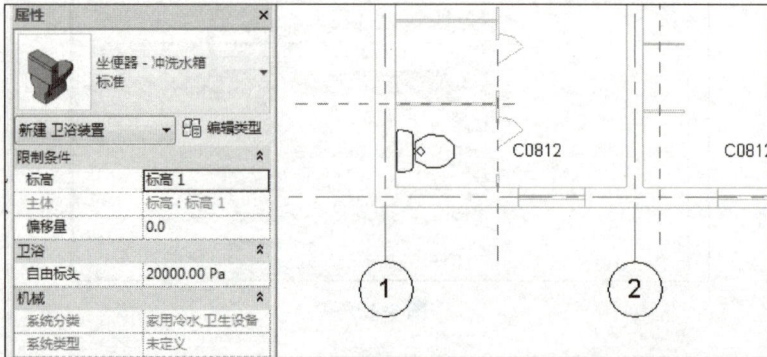

图 4-4-13

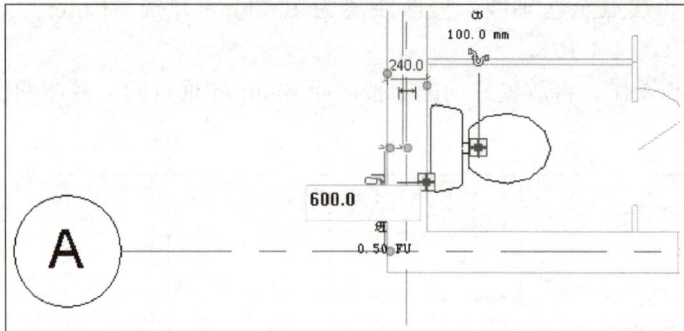

图 4-4-14

（5）采用复制操作，将放置好的大便器按间距1000mm垂直向上复制两次，完成①轴线大便器的布置。

（6）采用镜像操作方式，完成③轴线处大便器的布置（图4-4-15）。

2. 小便器的布置

（1）单击"插入"选项卡"从库中载入"面板中"载入族"命令，选择"机电"→"卫生器具"→"小便器"→"小便器-自闭式冲洗阀-壁挂式"的族类型，点击"打开"。

（2）单击"系统"选项卡"卫浴与管道"面板中"卫浴装置"命令，在"属性"选项卡中选择载入的小便器族，将光标移动到②轴线墙边单击布置。选择布置好的小便器，拖拽标注对齐端点至Ⓐ轴线，修改距离为600mm并按"Enter"键，再按"Esc"键完成位置调整（图4-4-16）。

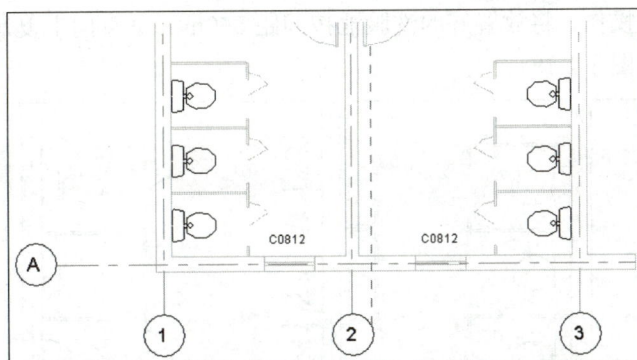

图 4-4-15

（3）采用复制操作，将放置好的小便器按间距 800mm 垂直向上复制三次，完成小便器的布置（图 4-4-17）。

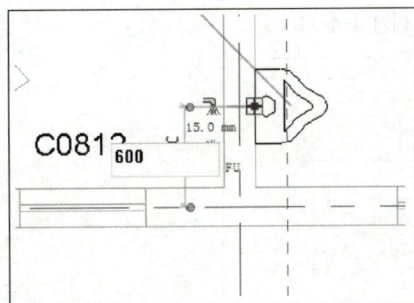

图 4-4-16

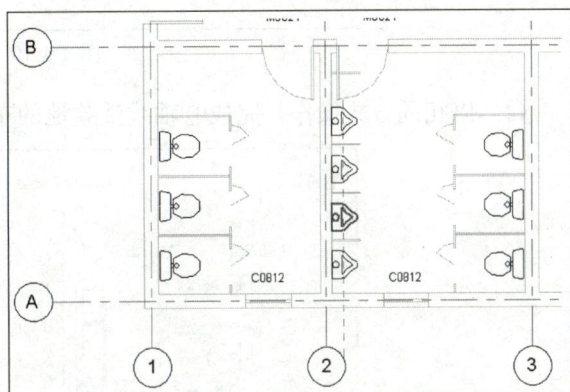

图 4-4-17

3. 洗脸池的布置

（1）单击"插入"选项卡"从库中载入"面板中"载入族"命令，选择"机电"→"卫生器具"→"洗脸盆"→"洗脸盆-壁挂式"的族类型，点击"打开"。

（2）单击"系统"选项卡"卫浴与管道"面板中"卫浴装置"命令，在"属性"选项卡中选择"洗脸盆-壁挂式 560mm×460mm"作为当前类型，将光标移动到②轴线墙左侧单击布置。选择布置好的洗脸盆，拖拽标注对齐端点至Ⓐ轴线，修改距离为 1300mm 并按"Enter"键，再按"Esc"键完成位置调整（图 4-4-18）。

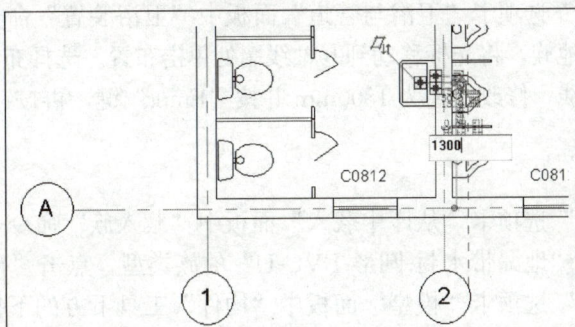

图 4-4-18

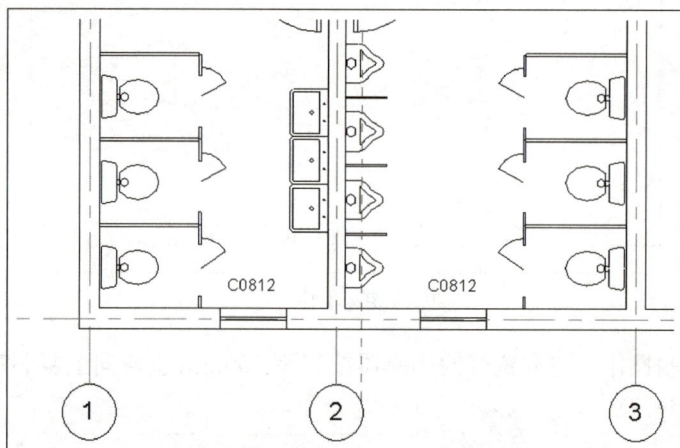

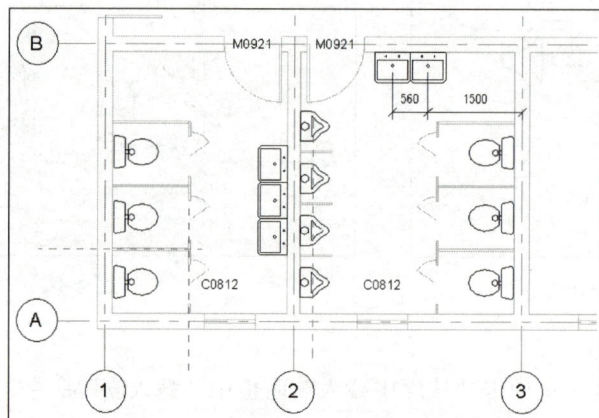

（3）采用复制操作，将放置好的洗脸池按间距 560mm 垂直向上复制两次，完成②轴线洗脸池的布置（图 4-4-19）。

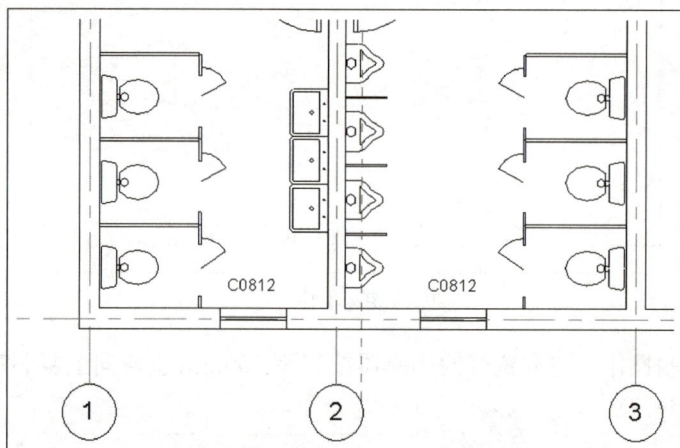

图 4-4-19

（4）以相同方式操作，完成Ⓑ轴线洗脸池的布置（图 4-4-20）。

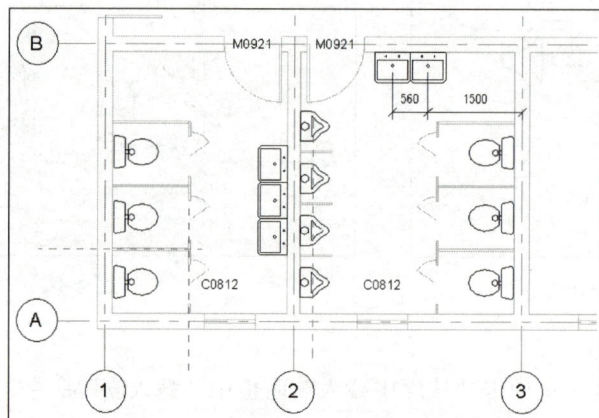

图 4-4-20

4. 拖布池的布置

（1）单击"插入"选项卡"从库中载入"面板中"载入族"命令，选择"机电"→"卫生器具"→"洗涤盆"→"污水池-擦地用"的族类型，点击"打开"。

（2）单击"系统"选项卡"卫浴与管道"面板中"卫浴装置"命令，在"属性"选项卡中选择载入的污水池族，将光标移动到Ⓑ轴线墙处单击布置。选择布置好的污水池，拖拽标注对齐端点至②轴线，修改距离为 1800mm 并按"Enter"键，再按"Esc"键完成位置调整（图 4-4-21）。

5. 地漏的布置

（1）单击"插入"选项卡"从库中载入"面板中"载入族"命令，选择"机电"→"给排水附件"→"地漏"→"地漏带水封-圆形-PVC-U"的族类型，点击"打开"。

（2）单击"系统"选项卡"模型"面板中"构件"工具下方的下拉三角箭头，从下拉菜单中选择"放置构件"命令。在属性面板中选择载入的地漏族，激活"放置"面板中

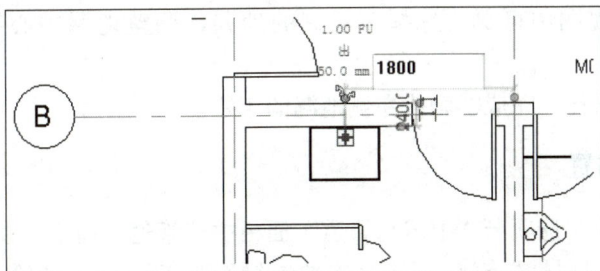

图 4-4-21

"放置在工作面上"选项（图 4-4-22），将光标移动到②轴线墙左侧单击布置。软件会弹出"所创建图元不可见"的对话框，按两次"Esc"键退出绘图。

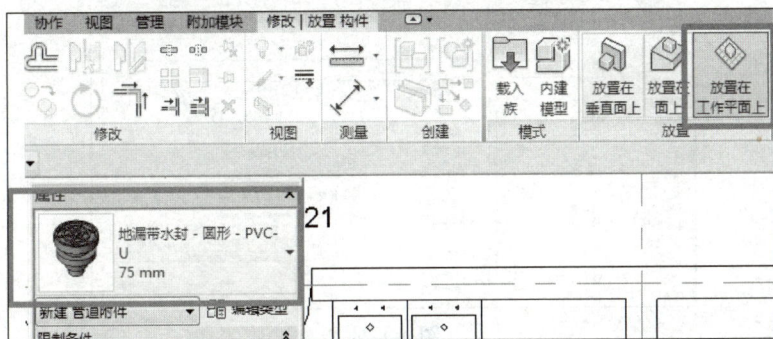

图 4-4-22

（3）在"属性"面板中单击"视图范围"的"编辑"对话框，修改"视图深度"的标高偏移量为"－1200.0"（图 4-4-23），完成后单击"确定"按钮退出"类型属性"对话

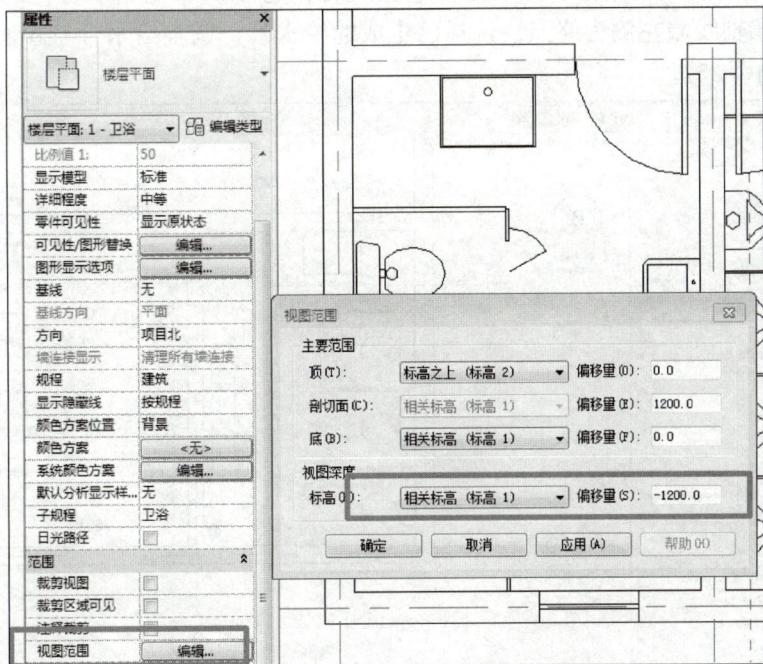

图 4-4-23

框，此时地漏就在视图中可见。选择布置好的地漏，调整地漏中心线对齐Ⓐ轴线距离为 300mm。

（4）重复上述操作，完成③轴线左侧地漏的布置。

4.4.3 给水管道布置

（1）单击"系统"选项卡"卫浴与管道"面板中"管道"命令，在"属性"面板类型选择器中打开"类型属性"对话框，单击"复制"按钮，输入"给水系统管道"名称（图4-4-24），单击"确定"按钮返回"属性类型"对话框。

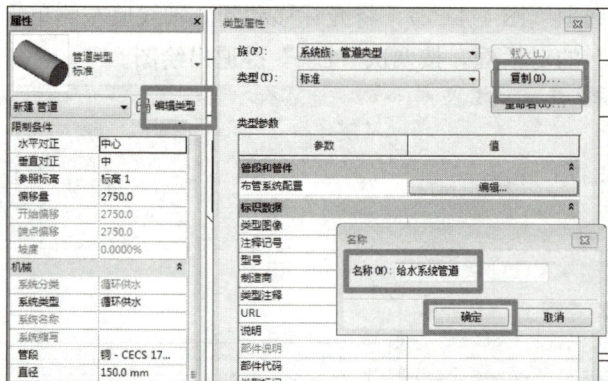

图 4-4-24

（2）再次单击"确定"按钮，自动切换至"修改｜放置管道"上下文选项卡，设置选项栏管道的"直径"为"40.0mm"，"偏移量"为"3200.0mm"，在"属性"面板中修改"系统类型"为"家用冷水"。水平移动光标沿Ⓑ轴线布置给水管，以①轴线墙左侧为起点，③轴线墙左侧为终点。选择已生成的给水管，调整给水管与Ⓑ轴线的距离为 800mm（图4-4-25）。

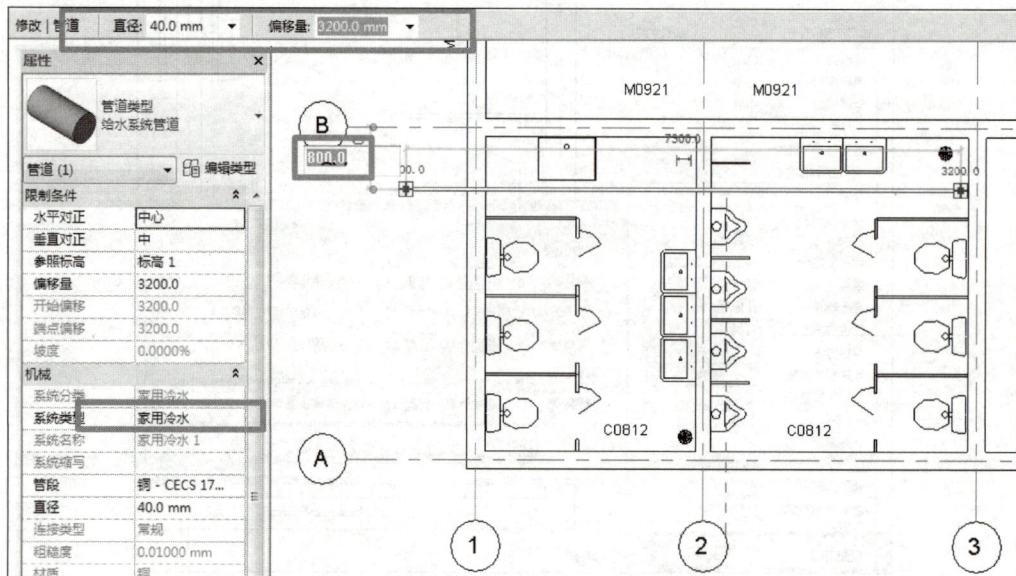

图 4-4-25

（3）单击"系统"选项卡"卫浴与管道"面板中"管道"命令，设置选项栏管道的"直径"为"25.0mm"，"偏移量"为"3200.0mm"，垂直移动光标，分别沿①轴线右侧和③轴线左侧布置给水管，并使其与水平横管相交（图4-4-26）。

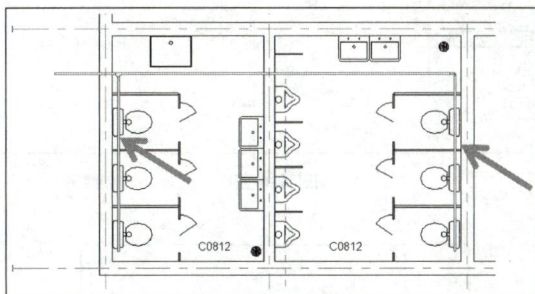

图 4-4-26

（4）单击"系统"选项卡"卫浴与管道"面板中"管道"命令，设置选项栏管道的"直径"为"32.0mm"，"偏移量"仍然为"3200.0mm"，垂直移动光标，沿②轴线布置给水管，此管与水平横管相交（图4-4-27）。

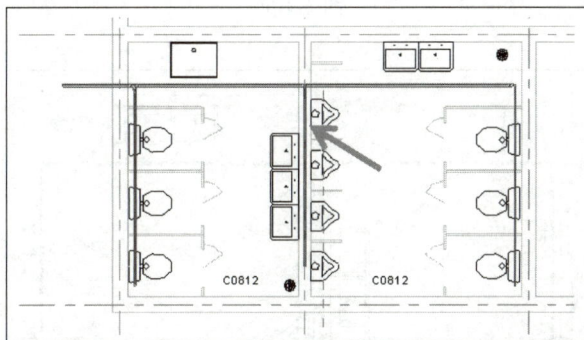

图 4-4-27

4.4.4　卫浴装置连接给水管道

1. 大便器连接给水管

（1）单击大便器图元，左键点击进水接口标记，软件自动切换至"修改｜放置管道"上下文选项卡，将鼠标水平移动，点击与①轴线的交点（图4-4-28），修改选项栏给水管的"偏移量"为"3200.0mm"，并点击"应用"（图4-4-29），软件将生成竖向支管。

（2）单击"系统"选项卡"卫浴与管道"面板中"管道"命令，单击生成的支管中心点，向右水平移动光标，与水平支管相交时再次单击，按"Esc"键完成支管的连接（图4-4-30）。

（3）重复操作，直至完成所有大便器与给水管的连接（图4-4-31）。

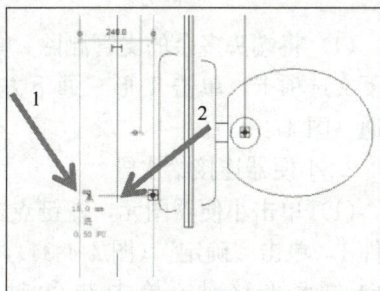

图 4-4-28

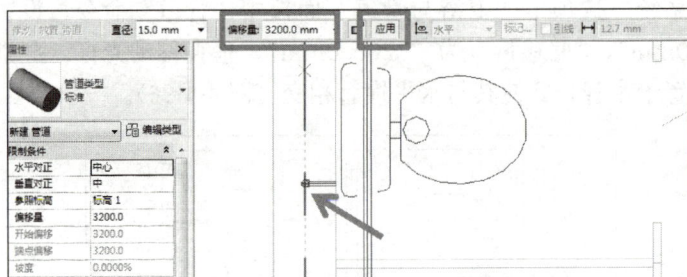

图 4-4-29

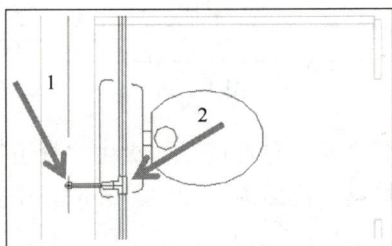

图 4-4-30

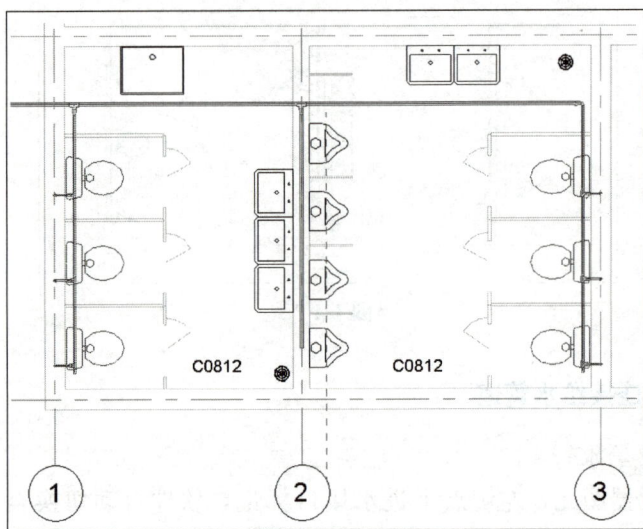

图 4-4-31

（4）将端头多余的支管删除，单击支管末端的 T 形三通，软件切换至"修改｜管件"上下文选项卡，单击 T 形三通下方的减号"—"（图 4-4-32），软件将用弯头替代此 T 形三通（图 4-4-33）。

2. 小便器连接给水管

（1）单击小便器图元，左键点击进水接口标记，弹出"选择连接件"对话框，选择连接件 1，单击"确定"（图 4-4-34），软件切换至"修改｜放置管道"上下文选项卡，将鼠标向左水平移动，单击与②轴线的交点，修改选项栏给水管的"偏移量"为"3200.0mm"，并单击"应用"（图 4-4-35）。

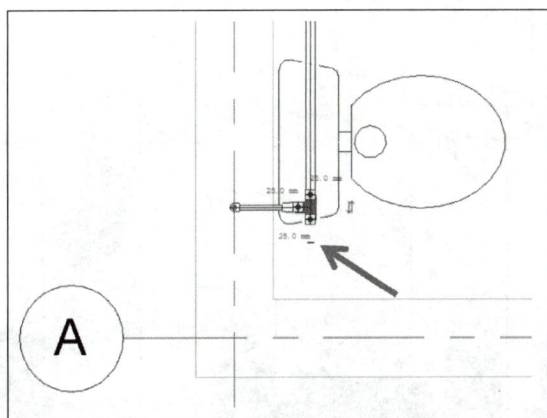

图 4-4-32

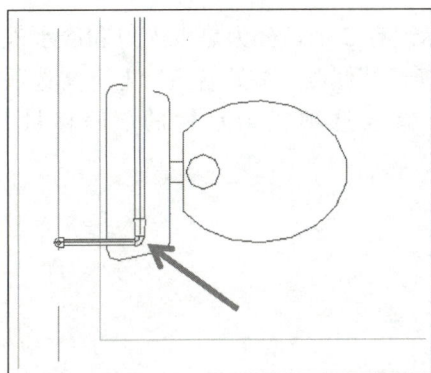

图 4-4-33

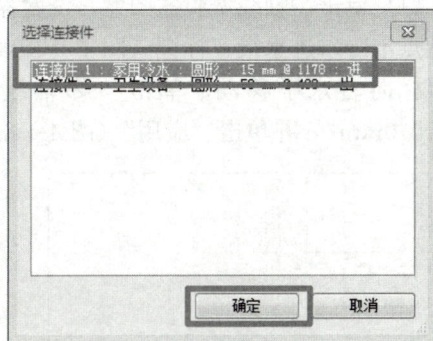

图 4-4-34

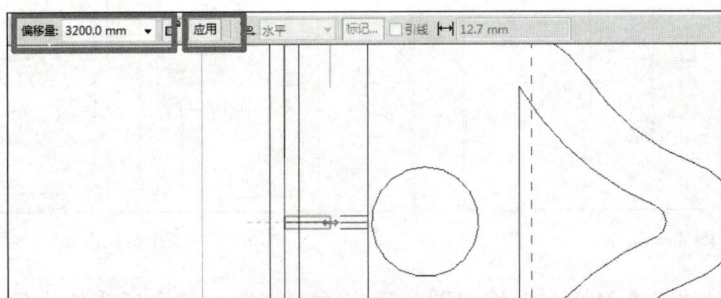

图 4-4-35

（2）切换至"三维卫浴"三维视图。适当放大视图，单击任意给水管，软件切换至"修改｜管道"上下文选项卡，选择"修改"面板中"修剪/延伸单个图元"工具，依次单击水平横管和竖向支管，完成小便器给水管的连接（图 4-4-36）。

（3）重复操作，直至完成所有小便器与给水管的连接（图 4-4-37）。

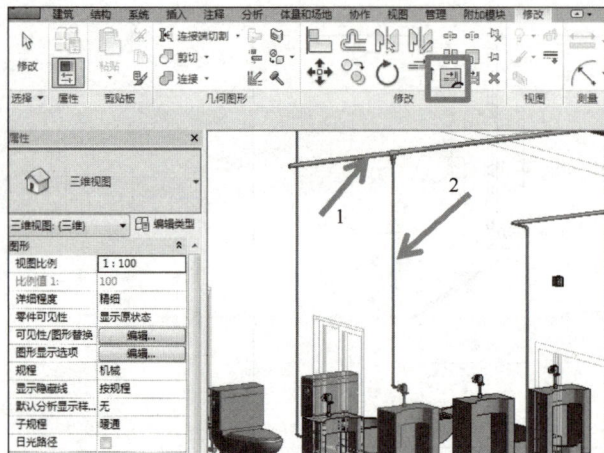

图 4-4-36

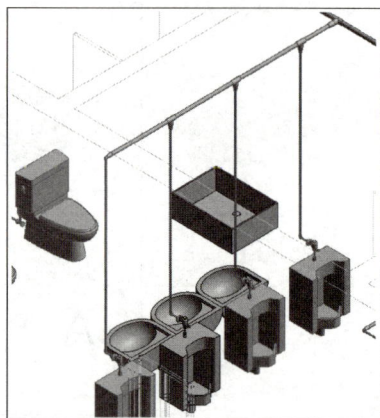

图 4-4-37

3. 洗脸盆连接给水管

（1）单击②轴线洗脸盆图元，洗脸盆进水口标记有 2 个，分为热水入口和冷水入口，左键点击冷水进水接口标记（图 4-4-38），软件切换至"修改｜放置管道"上下文选项卡，将鼠标向右水平移动，单击与②轴线的交点，修改选项栏给水管的"偏移量"为"3200.0mm"，并单击"应用"（图 4-4-39）。

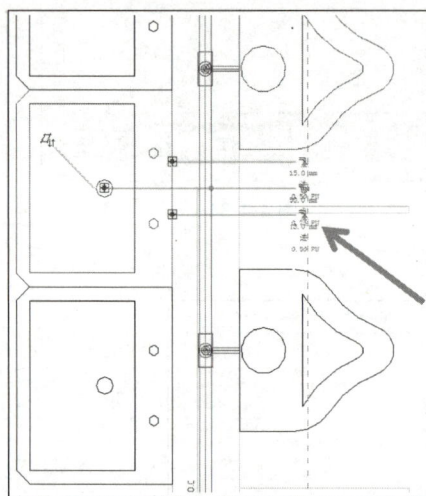

图 4-4-38

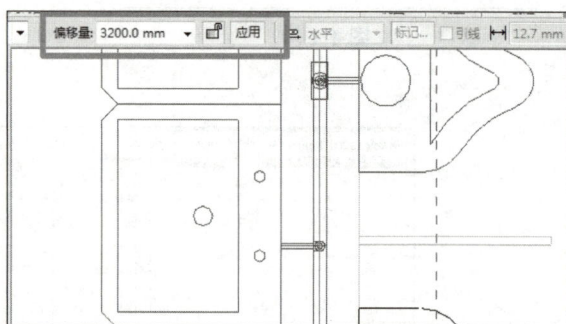

图 4-4-39

（2）切换至"三维卫浴"三维视图。适当放大视图，单击任意给水管，软件切换至"修改｜管道"上下文选项卡，选择"修改"面板中"修剪/延伸单个图元"工具，依次单击水平横管和竖向支管，完成洗脸盆给水管的连接（图 4-4-40）。

（3）重复操作，完成②轴线 3 个洗脸盆与给水管的连接。

（4）单击Ⓑ轴线洗脸盆图元，左键点击冷水进水接口标记（图 4-4-41），软件切换至"修改｜放置管道"上下文选项卡，将鼠标垂直移动，单击与Ⓑ轴线的交点，修改选项栏给水管的"偏移量"为"3200.0mm"，并单击"应用"。

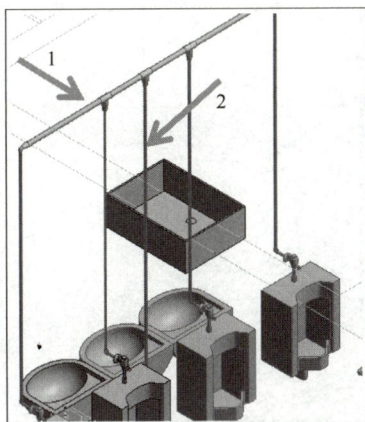

图 4-4-40

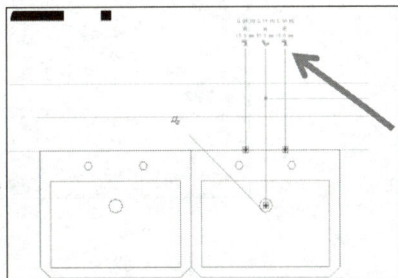

图 4-4-41

（5）单击"系统"选项卡"卫浴与管道"面板中"管道"命令，单击生成的支管中心点，垂直向下移动光标，与水平支管相交时再次单击，按"Esc"键完成支管的连接。重复操作，完成Ⓑ轴线两个洗脸盆与给水管的连接（图 4-4-42）。

4. 给水管径调整

（1）依次单击两马桶间的给水管，分别修改选项栏给水管的直径为"15.0mm"（图 4-4-43）和"20.0mm"。

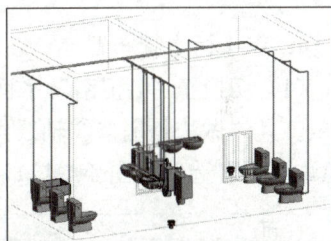

图 4-4-42

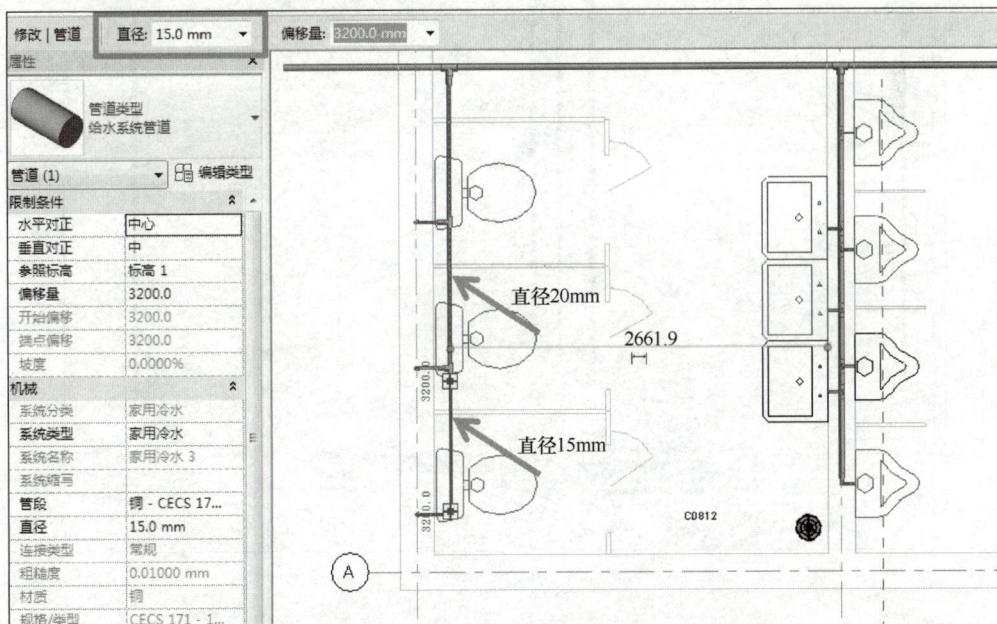

图 4-4-43

（2）单击 T 形三通，修改选项栏管件的直径为"20.0mm"（图 4-4-44）。

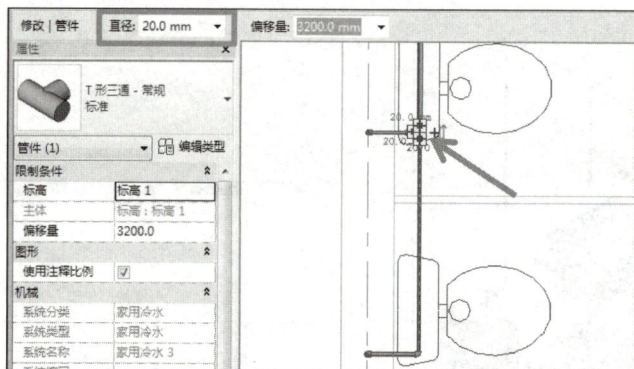

图 4-4-44

（3）重复操作，直至所有给水管管径和三通管径与题设条件一致。

4.4.5 污水管道布置

1. W-1 污水管布置

（1）切换至"1-卫浴"平面视图。为方便污水管的绘制，可以将部分给水管进行临时隐藏。具体做法是框选②轴线给水管图元，单击视图控制栏上"临时隐藏/隔离"工具的"隐藏图元"选项（图 4-4-45），软件将临时隐藏②轴线给水管。

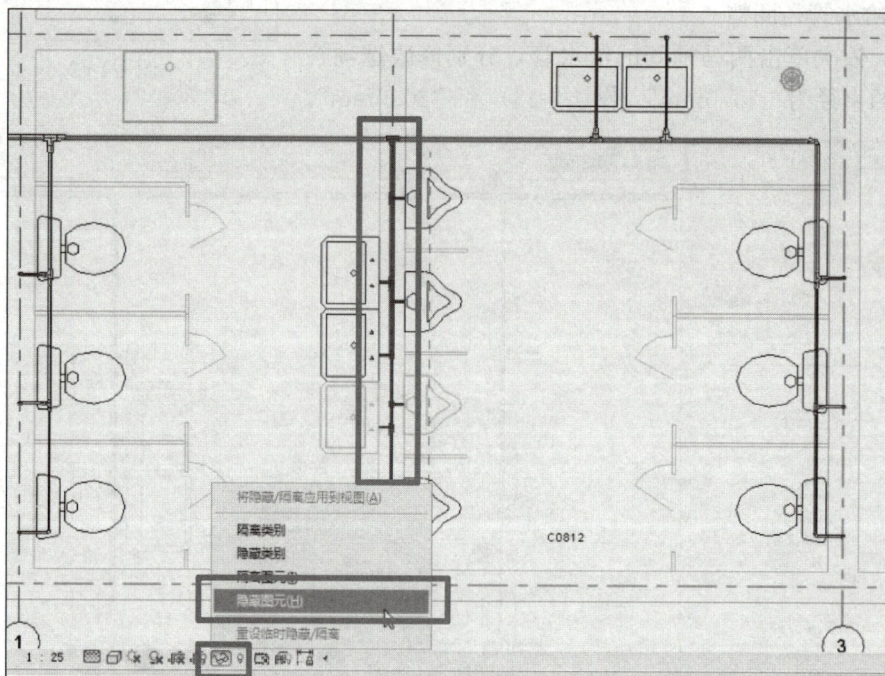

图 4-4-45

（2）单击"系统"选项卡"卫浴和管道"面板中"管道"命令，在"属性"面板类型选择器中打开"类型属性"对话框，单击"复制"按钮，输入"污水系统管道"名称（图 4-4-46），单击"确定"按钮返回"属性类型"对话框。

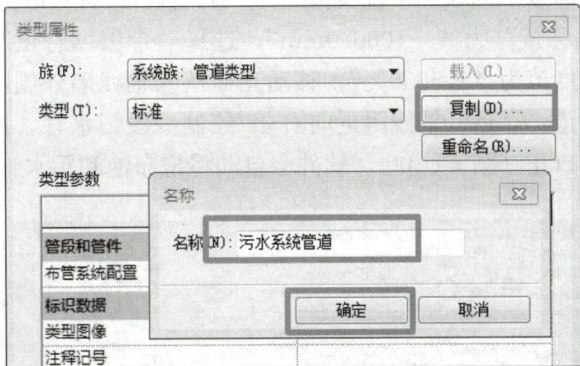

图 4-4-46

（3）单击"类型属性"对话框中"布管系统配置"参数后的"编辑"按钮，弹出"布管系统配置"对话框。选择"管段"材质为"PVC-U-GB/T 5836"。单击"管段和尺寸"，弹出"机械设置"对话框，选择"管段"材质为"PVC-U-GB/T 5836"，单击"新建尺寸"，在"添加管道尺寸"对话框中，输入"公称直径"为"50.000mm"，"内径"为"55.000mm"，"外径"为"60.000mm"，单击"确定"指定新的管道尺寸（图 4-4-47）。重复一次新建尺寸操作，输入"公称直径"为"75.000mm"，"内径"为"80.000mm"，"外径"为"85.000mm"，完成后单击"确定"按钮退出"类型属性"对话框。

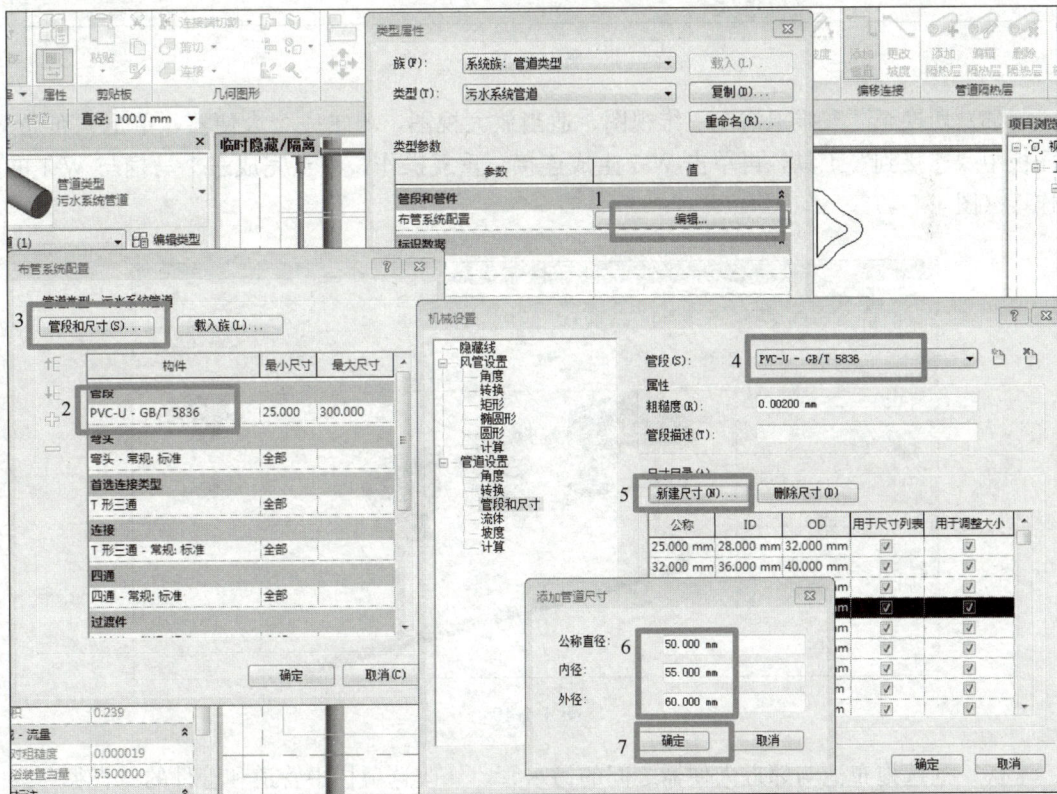

图 4-4-47

（4）在"属性"面板中修改"系统类型"为"卫生设备"。修改选项栏管道的"直径"为"100.0mm"，"偏移量"为"－1000.0mm"，选择"带坡度管道"面板中"坡度：向上"选项，并修改坡度值为"1.5000%"，移动光标从Ⓐ轴线墙外侧，对齐马桶下水口位置沿①轴线墙布置管道，靠近Ⓑ轴线附近向右45°绘制一段污水管，再沿Ⓑ轴线墙绘制管道，于拖布池的下水口止（图4-4-48），软件会自动将拖布池和污水管进行连接。

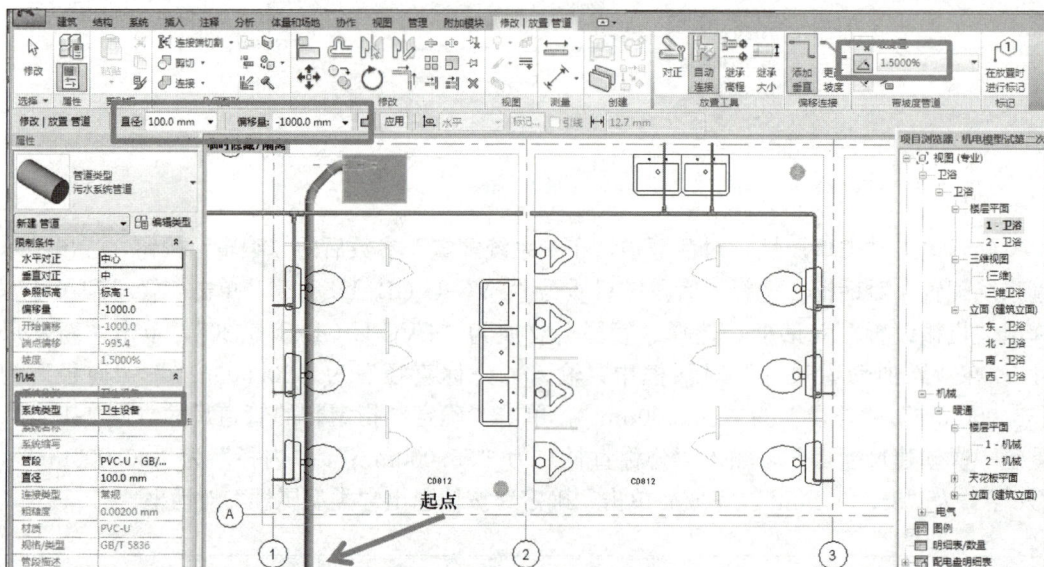

图 4-4-48

（5）切换至"三维卫浴"三维视图。适当放大视图，单击一个大便器，单击"布局"面板中"连接到"工具，再单击 W-1 生成连接。重复操作，直至完成三个马桶与 W-1 的连接（图4-4-49）。

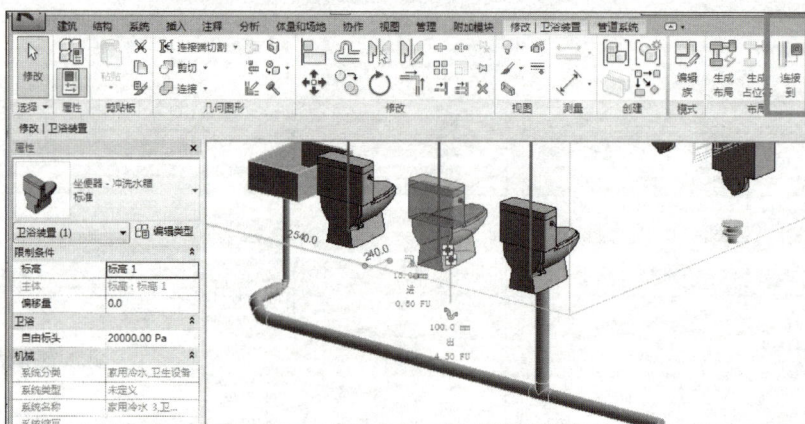

图 4-4-49

（6）框选拖布池与邻近大便器之间的污水管，修改选项栏中管道和管件的"直径"为"50.0mm"（图4-4-50）。

2. W-2 污水管布置

（1）切换至"1-卫浴"平面视图。单击"系统"选项卡"卫浴与管道"面板中"管道"命令，确认当前管道类型为"污水系统管道"。因为 W-2 污水管在图纸中没有标注坡度，所以选择"带坡度管道"面板中"坡度：禁用"选项，修改选项栏管道的"直径"为"100.0mm"，"偏移量"为"-1000.0mm"。移动光标

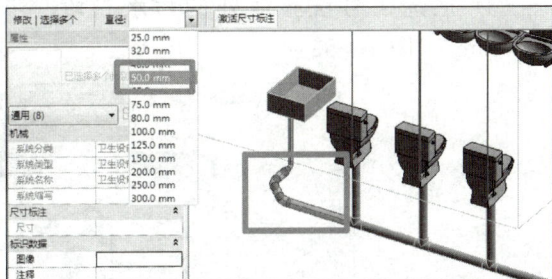

图 4-4-50

至Ⓐ轴线墙外侧，对齐地漏和洗脸池下水口位置沿②轴线墙布置管道，到 1 号洗脸池边向右 45°绘制污水管，于②轴线的交点止（图 4-4-51），按两次"Esc"键退出绘图。

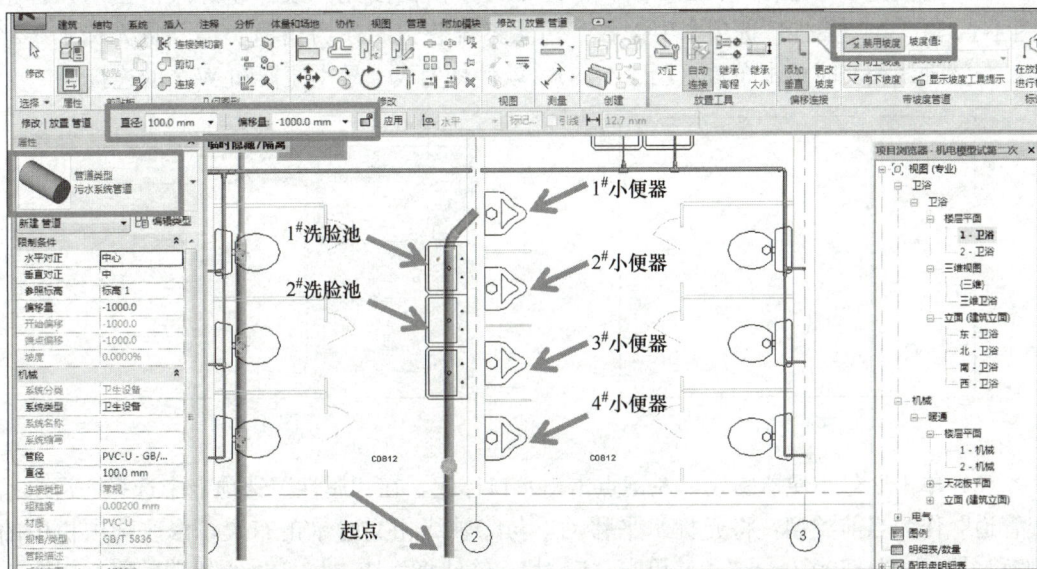

图 4-4-51

（2）切换至"三维卫浴"三维视图。适当放大视图，单击一个洗脸池，单击"布局"面板中"连接到"工具，弹出"选择连接件"对话框，选择连接件3，再单击 W-2 管段生成连接。重复操作，直至完成三个洗脸池和地漏与 W-2 的连接（图 4-4-52）。

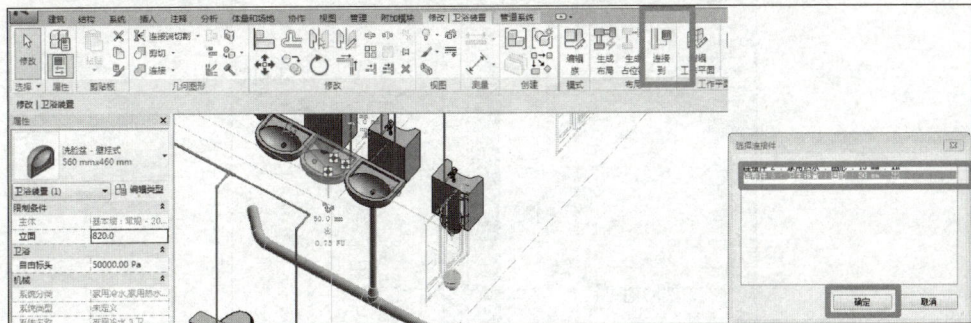

图 4-4-52

（3）框选 1 号洗脸池外的污水管段，修改选项栏中管道和管件的"直径"为"50.0mm"（图 4-4-53）。

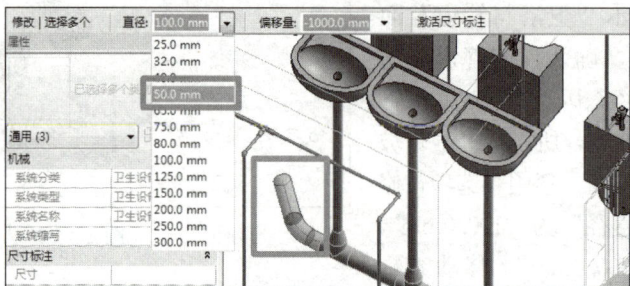

图 4-4-53

（4）切换至"1-卫浴"平面视图。单击 1 号小便器图元，鼠标左键点击出水口标记（图 4-4-54），在"属性"选项卡中选择"污水系统管道"作为当前类型，将光标水平移动，与②轴线相交时单击布置（图 4-4-55），软件将生成 1 号小便器和 W-2 的连接。

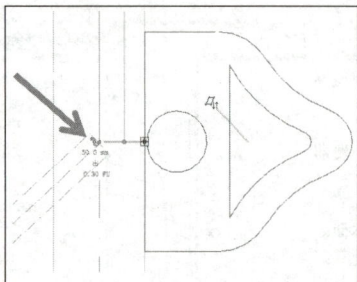

图 4-4-54

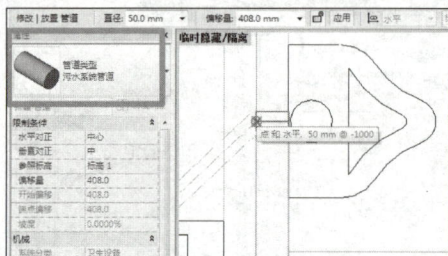

图 4-4-55

（5）单击 2 号小便器图元，左键点击出水口标记，在"属性"选项卡中选择"污水系统管道"作为当前类型，将光标水平移动，与②轴线相交时单击布置，修改选项栏中的"偏移量"为"−500.0mm"，并单击"应用"，软件将生成一段 2 号小便器的竖向污水支管。单击新生成的支管中心点，再单击 2 号洗脸池竖向支管中心点，软件将生成 2 号小便器和 2 号洗脸池支管的连接（图 4-4-56），按"Esc"键退出绘图。

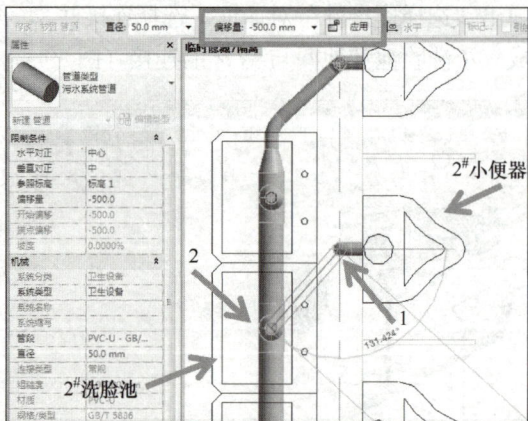

图 4-4-56

（6）单击 3 号小便器图元，左键点击出水口标记，在"属性"选项卡中选择"污水系统管道"作为当前类型，将光标水平移动，与②轴线相交时单击布置，修改选项栏中的"偏移量"为"－1000.0mm"，并单击"应用"，软件将生成 3 号小便器的竖向污水支管。单击新生成的支管中心点，再单击 3 号洗脸池边的 W-2，软件将生成 3 号小便器和 W-2 的连接（图 4-4-57）。按"Esc"键退出绘图。

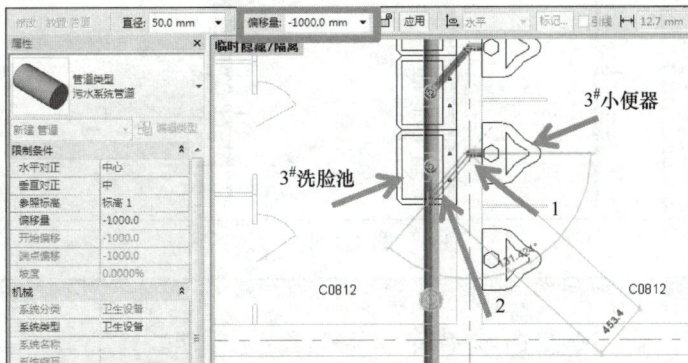

图 4-4-57

（7）4 号小便器与 W-2 的连接可参考 2 号小便器的绘制方法。将 4 号小便器连接到地漏的竖向支管上，连接前应将地漏图元隐藏，否则软件可能会提示"找不到自动布线解决方案"。

（8）完成 W-2 的布置，需将临时隐藏的图元恢复到视图中。具体做法是在视图控制栏上，单击"临时隐藏/隔离"工具，然后单击"将隐藏/隔离应用到视图"，软件将所有临时隐藏的图元恢复到视图中（图 4-4-58）。

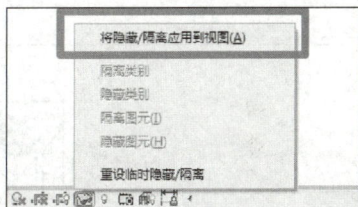

图 4-4-58

3. W-3 污水管布置

（1）单击"系统"选项卡"卫浴与管道"面板中"管道"命令。确认当前管道类型为"污水系统管道"，修改选项栏管道的"直径"为"100.0mm"，"偏移量"为"－1000.0mm"，选择"带坡度管道"面板中"坡度：向上"选项，并修改坡度值为"1.5000%"。移动光标从Ⓐ轴线墙外侧，对齐马桶下水口位置沿③轴线墙到地漏布置管道。软件自动完成地漏与 W-3 的连接（图 4-4-59）。

（2）修改污水管管径为"75.0mm"，选择"放置工具"面板中"继承高程"选项，其他参数不变，从地漏和马桶之间的 W-3 向左 45°绘制一段污水管，再沿水平绘制管道，于 4 号洗脸池的下水口止（图 4-4-60），软件会自动将 4 号洗脸池和 W-3 进行连接。

（3）切换至"三维卫浴"三维视图。适当放大视图，使用"连接到"工具，将 5 号洗脸池和三个马桶连接到 W-3（图 4-4-61）。

（4）单击 4 号洗脸池和 5 号洗脸池中间的污水管段，修改选项栏中管道的"直径"为"50.0mm"（图 4-4-62）。

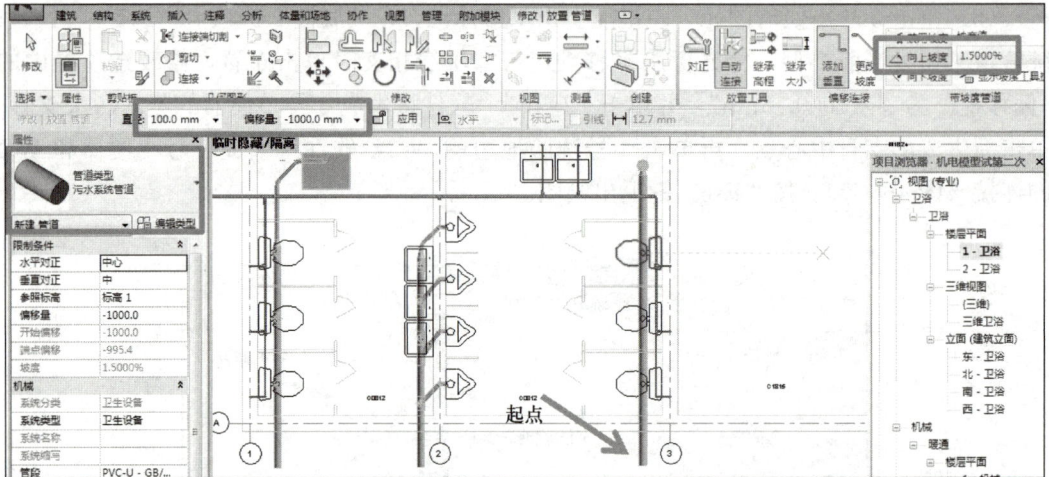

图 4-4-59

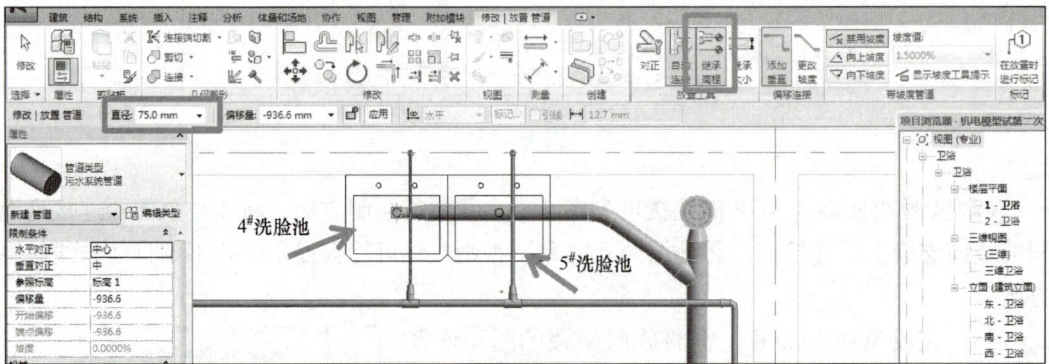

图 4-4-60

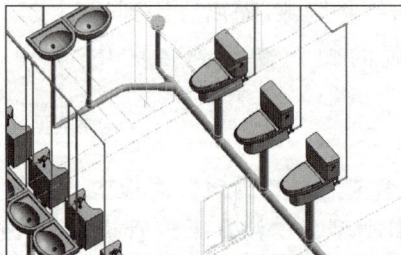

图 4-4-61

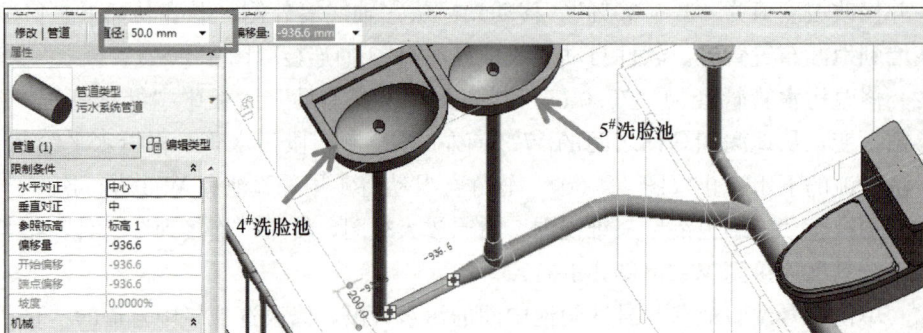

图 4-4-62

4.5 创建图纸

4.5.1 创建首层照明平面图

1. 标注首层照明平面图

（1）切换至"1-照明"平面视图。在"属性"面板类型选择器中将"规程"修改为"建筑"。

（2）单击"注释"选项卡"尺寸标注"面板中"对齐"工具（图4-5-1），Revit进入放置尺寸标注模式。在"属性"面板类型选择器中，选择当前标注类型为"对角线-3mm RomanD"。选择选项栏"参照墙中心线"，"整个墙"作为拾取设置，并点击"选项"，在"自动尺寸标注选项"对话框中设置"洞口"参照，勾选"宽度"，勾选"相交轴网"选项（图4-5-2），单击"确定"返回尺寸标注放置模式。

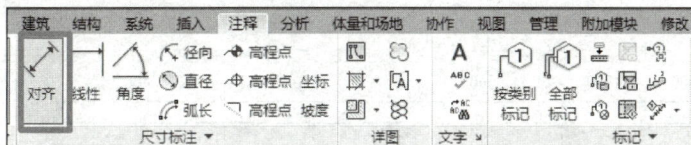

图 4-5-1

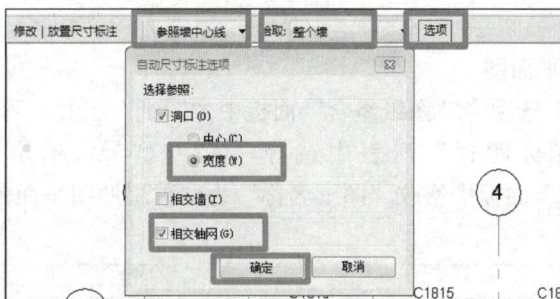

图 4-5-2

（3）移动光标至①轴线墙任意一点单击鼠标左键，向上移动鼠标至适当位置单击空白处，即完成门窗洞口的尺寸标注。再次移动光标至①轴线任意一点，单击鼠标左键作为尺寸标注的起点，向右移动鼠标至⑦轴线上任一点并单击鼠标左键，在门窗尺寸线上方单击放置生成总尺寸线（图4-5-3）。

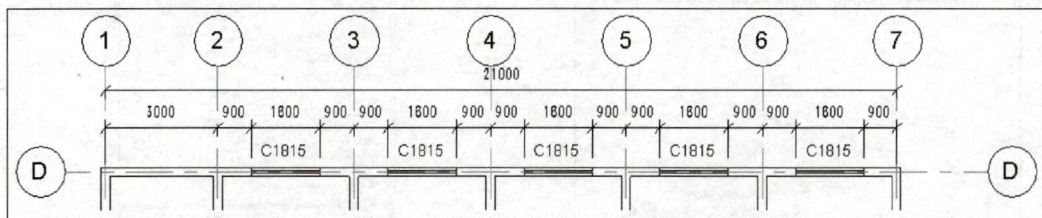

图 4-5-3

（4）重复上述操作，按题设要求完成其他墙体的尺寸标注。

（5）在"属性"面板类型选择器中将"规程"修改为"电气"。仍然使用"对齐尺寸标注"工具，修改选项栏"单个参照点"作为拾取设置（图4-5-4）。移动光标至1号灯具中点，单击鼠标左键作为尺寸标注的起点，向右移动鼠标至③轴线上任一点并单击鼠标左键，以此类推，分别拾取2号灯具、3号灯具、4号灯具和5号灯具的中点，完成后向上移动鼠标至空白处单击左键放置尺寸线（图4-5-5）。重复这一步骤，直至按题设要求完成灯具尺寸标注。

图4-5-4

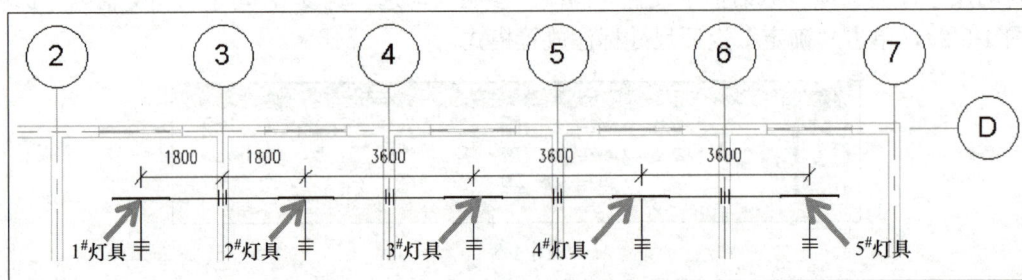

图4-5-5

2. 创建首层照明平面图

（1）单击"视图"选项卡"图纸组合"面板中"图纸"工具，弹出"新建图纸"对话框，在对话框"选择标题栏"列表中选择"A2"型号，单击"确定"打开图纸（图4-5-6）。在"属性"面板中修改"图纸名称"为"首层照明平面图"（图4-5-7）。

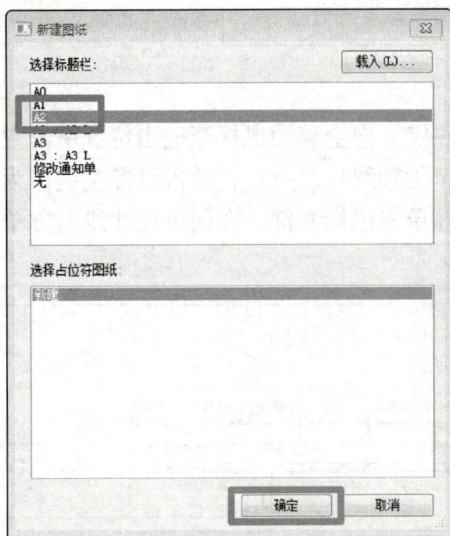

图4-5-6

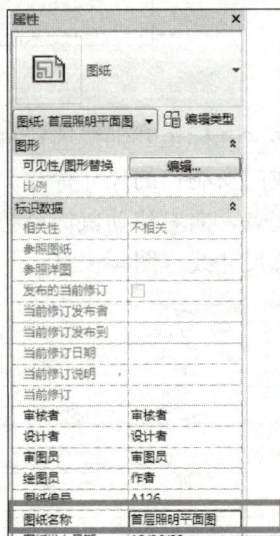

图4-5-7

（2）单击"视图"选项卡"图纸组合"面板中"放置视图"工具，弹出"视图"对话框，选择"楼层平面：1-照明"视图，然后单击"在图纸中添加视图"（图 4-5-8）。

（3）在绘图区域的图纸上移动光标，所选视图的视口会随其一起移动，单击鼠标左键将视口放置在所需的位置上。将图纸名称和比例移动到图形下方，用拖拽的方法调整图名下的横线长度，单击图名，输入"首层照明平面图"（图 4-5-9）。完成首层照明平面图的创建。

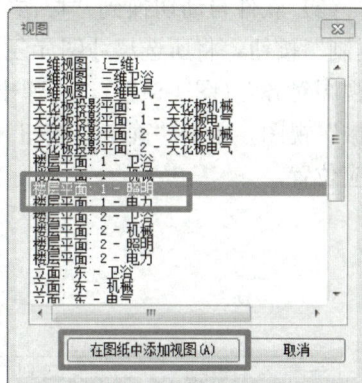
图 4-5-8

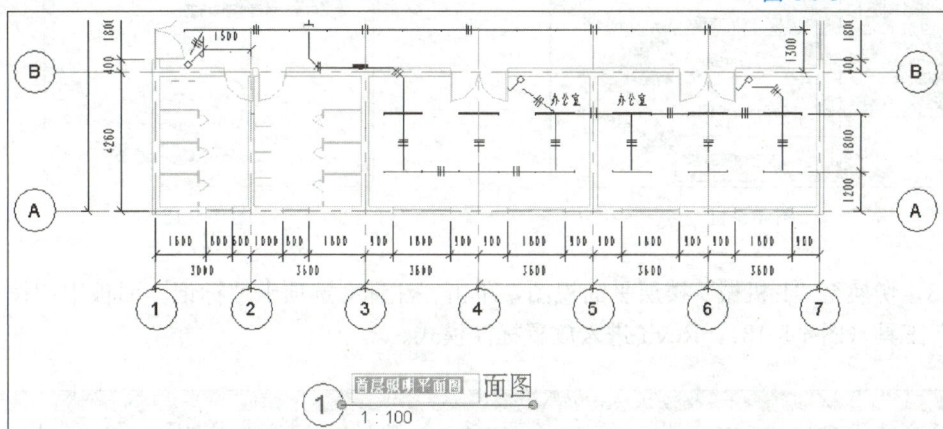
图 4-5-9

4.5.2 创建首层通风平面图

1. 标注首层通风平面图

（1）切换至"首层照明平面图"楼层平面视图，单击任意外墙尺寸线，单击鼠标右键，在弹出的快捷菜单中选择"选择全部实例→在整个项目中"选项（图 4-5-10）。

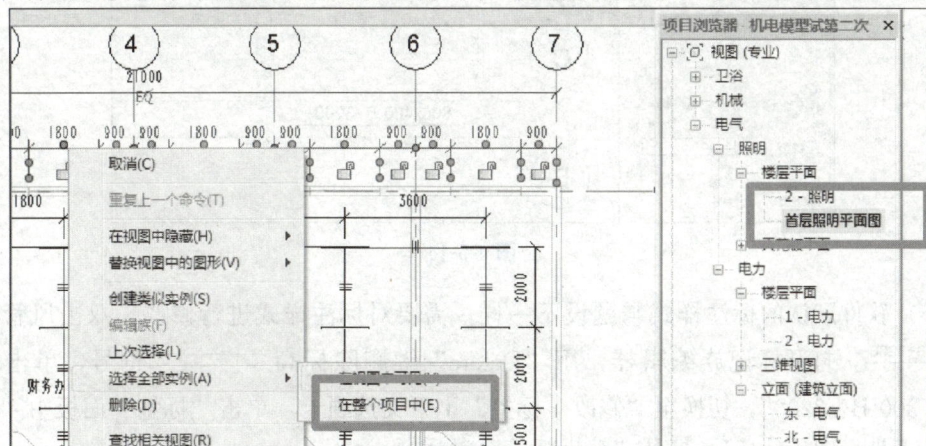
图 4-5-10

（2）软件自动切换到"修改｜尺寸标注"上下文选项卡。单击"剪切板"面板中的"复制"按钮，将所选尺寸图元复制到剪贴板，然后单击"粘贴"下拉菜单中的"与选定的视图对齐"（图 4-5-11），将弹出"选择视图"对话框，在对话框中选择"楼层平面：1-机械"视图，单击"确定"按钮（图 4-5-12），将墙体尺寸标注粘贴至一层机械平面视图对应位置。

图 4-5-11

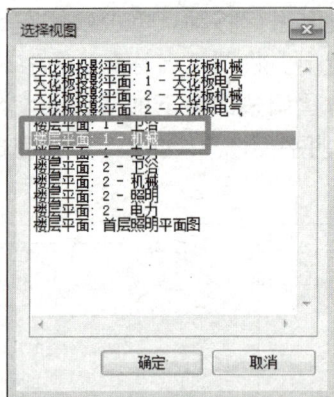

图 4-5-12

（3）切换至"1-机械"楼层平面视图，单击"注释"选项卡"标记"面板中"按类别标记"工具（图 4-5-13），Revit 进入放置标注模式。

图 4-5-13

（4）在选项栏选择"水平"标记方向，不勾选"引线"，移动光标至ⓒ、Ⓑ轴线间的风管处，单击鼠标左键放置标记（图 4-5-14），按两次"Esc"键退出。

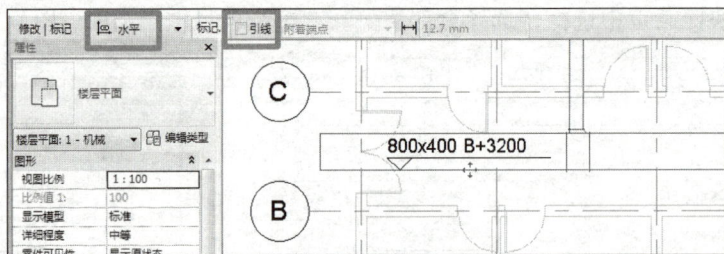

图 4-5-14

（5）软件默认的标注样式与题设不一样，需要对标注样式进行修改。双击风管标记 800x400 B+3200，打开标记族编辑器，用"Delete"键删除标高 ▽——— 符号，单击标注"300×300 B+3200"，切换至"修改｜标签"上下文选项卡，单击"标签"面板中"编辑标签"工具（图 4-5-15），打开"编辑标签"对话框。

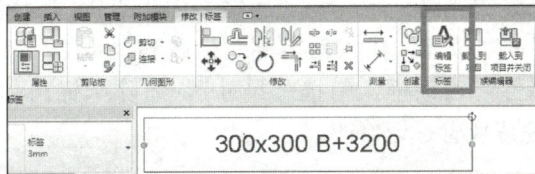

图 4-5-15

（6）选中"标签参数"窗口中的"底部高程"参数，单击 ↤ 将其移入"类别参数"窗口中。选中"类别参数"窗口中的"开始偏移"参数，单击 ↦ 将其移入"标签参数"窗口中，添加"开始偏移"参数的"前缀"为"H＋"，并点击 ↯ "编辑参数的单位格式"按钮，弹出"格式"对话框。在"格式"对话框中清除"使用项目设置"复选框，在"单位"菜单中选择"米"为单位，在"舍入"菜单中选择"2 个小数位"的值。完成后单击两次"确定"按钮，返回"修改｜标签"上下文选项卡（图 4-5-16）。

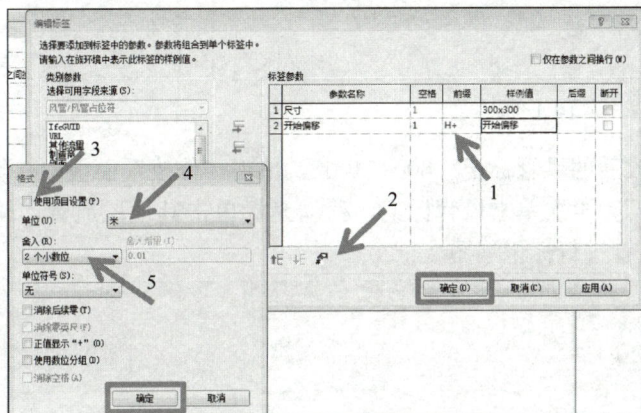

图 4-5-16

（7）单击"修改｜标签"选项卡"族编辑器"面板中"载入到项目"工具，弹出"族已存在"对话框，单击"覆盖现有版本"，将风管尺寸标记进行替换（图 4-5-17）。

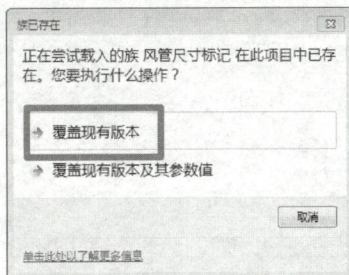

图 4-5-17

（8）单击"注释"选项卡"标记"面板中"按类别标记"工具，在选项栏选择"水平"标记方向，不勾选"引线"，移动光标至③轴线风管处，单击鼠标左键放置标记，按两次"Esc"键退出修改标记模式，需继续修改风管标注样式。

（9）单击第二次放置的风管标记，在"属性"面板点击"编辑类型"打开"类型属性"对话框，单击"复制"按钮，输入新名称"标高和尺寸 2"（图 4-5-18），单击"确定"按钮返回"类型属性"对话框，勾选"尺寸"，清除"标高和尺寸"复选框，单击"确定"（图 4-5-19），完成风管标记修改。

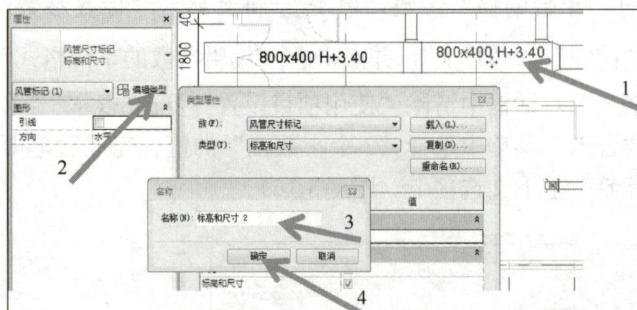

图 4-5-18

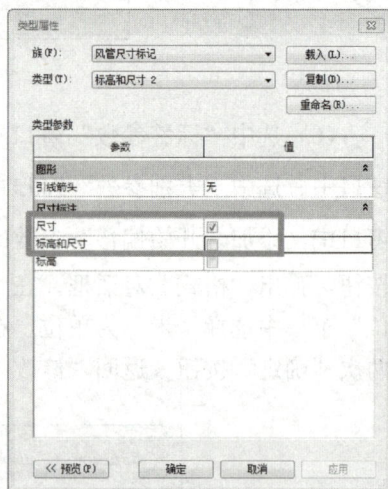

图 4-5-19

（10）选择修改后的风管标记"800×400"，单击"修改"面板中"复制"工具，在工具条中勾选"多个"，再次单击风管标记，移动光标单击其他段风管，软件会按绘制时设置的尺寸对各段风管进行标记（图 4-5-20）。

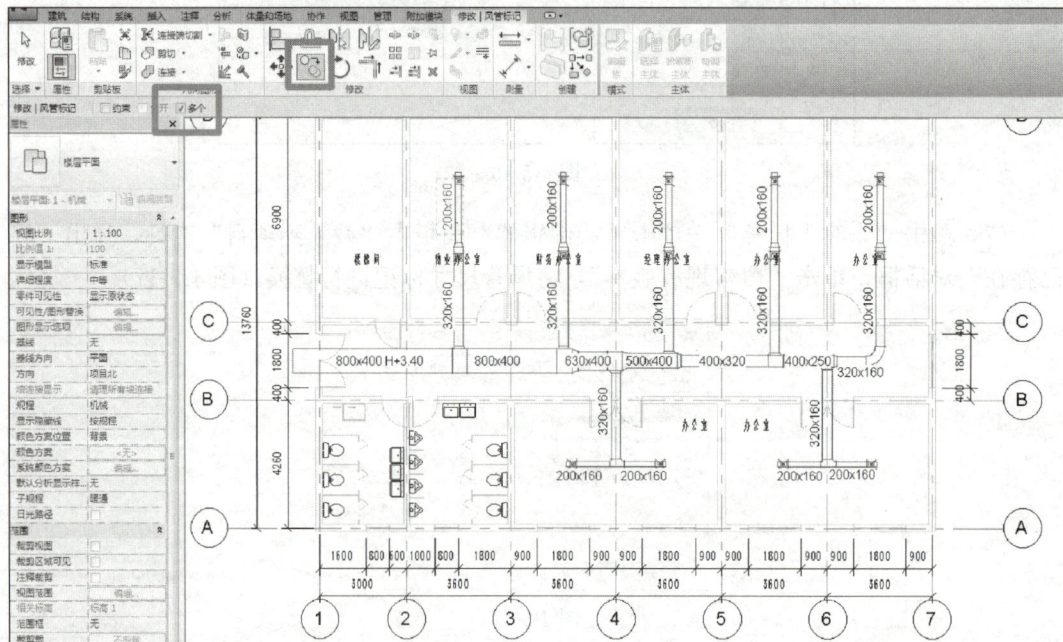

图 4-5-20

2. 创建首层通风平面图

参考"首层照明平面图"的创建方法。

参 考 文 献

［1］ 王君峰，陈晓，等. Autodesk Revit 土建应用之入门篇［M］. 北京：中国水利水电出版社，2013.
［2］ 廊坊市中科建筑产业化创新研究中心. "1＋X"建筑信息模型（BIM）职业技能等级证书-教师手册［M］. 北京：高等教育出版社，2019.
［3］ 廊坊市中科建筑产业化创新研究中心. "1＋X"建筑信息模型（BIM）职业技能等级证书-学生手册（初级）［M］. 北京：高等教育出版社，2019.